里地・里山を歩こう パート2

中国四国9県＋番外編

五感で楽しむ!ベストコース82

文・写真＝清水正弘

桜の川辺（広島県安芸太田町）

初夏の棚田（山口県油井町）

紅葉の天狗岳（愛媛県・石鎚山）

冬の日没時（広島県・灰が峰からの呉湾）

◎中国エリア 計49コース

◎四国エリア 計23コース

◎他のエリア 計10コース

●表紙写真／上から、春の川辺（広島県安芸高田市）、夏の夕暮れ（愛媛県・岡村島）、
秋の山麓（山口県・右田ケ岳）、冬の朝（広島県北広島町）

霧の森（島根県・琴引山山麓）

色彩美世界に包まれる（香川県・小豆島）

里へ還ろう――里地歩きのススメ

里地は癒しの場

里とは不思議な言葉である。「土」という文字の上に「田」がのっかかっているようだ。「土」とは万物の源のひとつであり大地の持つエネルギーといってもいいだろう。その上に「田」という人の営み風景がのっかかるのである。すなわち、「里」とは、自然界の土俵の上でなされる人間の営み世界と言うことができる。

古来、日本の各地では、山、森、巨木、岩、泉、滝、島、岬などには「タマ＝霊」や「カミ＝守」が宿るとされ自然崇拝の対象ともなってきた。里地や里山、里海とは、人間の俗なる日常と聖なる非日常とが入り混じる生活の場であると同時に、「浄めの場」や「癒しの場」でもあったのである。

虚心になり森羅万象の恵みの中で歩いていると、体中から娑婆気が抜け、山野の香気に全身が洗われる気がするときがある。自然界のささやかではあるが、営々と続いている大いなる命のハー

夏の水辺にて（広島県・三段峡）

花と戯れる蝶（島根県・三瓶山山麓）

モニー風景に出逢うことで、身体の隅々にある微細な細胞群が喜びに溢《あふ》れているのが体感できる。その命のハーモニー風景との出逢いとは、ちょっとした刹那《せつな》で起きる偶発的瞬間なのである。

「何かに包まれる場所」、82コース

このように自然界からの恵みを受けながら歩くことは、「見る」「聞く」「匂う」「味わう」「感じる」という五感を新たに研磨できるだけでなく、「何かに包まれる」「何かとつながる」といった六番目以降の感覚に気づく機会を与えてくれるのかもしれない。里地・里山・里海・里森といった「里」という文字の付く土地は、大切な何かについての気づきの場ではないだろうか。

第一巻では「物語が息づく場所」としての里地・里山の舞台を、中国五県を中心に60コース紹介した。

今回は、その背景条件に加えて、「何かに気づかされる場所」「何かに包まれる場所」、そして「何かとの繋がりを感じられる場所」としての里地・里山の舞台を、中国・四国地方を中心に82コース紹介している。

※本書に掲載した施設は、開館時間などが変わる場合もありますので、お出かけ前に宿・施設などにお確かめください。

目次

里へ還ろう──里地歩きのススメ …… 2

里地・里山82選エリアマップ …… 8

広島県19コース

1 里山 道後山 庄原市 10
2 里山 里地 竜王山（比婆山山系） 庄原市 12
3 里山 里地 大膳原（吾妻山） 庄原市 14
4 里山 聖山～高岳縦走 山県郡北広島町 16
5 里山 天狗石山・高杉山縦走 山県郡北広島町 18
6 里山 里地 テングシデの林・熊城山 山県郡北広島町 20
7 里山 里地 雲月山 山県郡北広島町 22
8 里山 里地 市間山のブナ林 山県郡安芸太田町 24
9 里地 井仁の棚田と引き明けの森 山県郡安芸太田町筒賀 26
10 里山 里海 安芸小富士山（似島） 広島市南区似島町 28
11 里山 里海 佐木島・太平山 三原市 30
12 里山 里海 水軍の拠点・青影山 尾道市因島中庄町 32
13 里山 里海 神峰山 豊田郡大崎上島町 34
14 里山 里海 宮島・弥山 廿日市市宮島 36
15 里山 東郷山の四本杉 広島市佐伯区湯来町 38
16 里山 里地 岳山岩海を歩く 府中市上下町 40
17 里地 浄土寺山展望台 尾道市 42
18 里地 竹原の町並み散策 竹原市 44
19 里山 里地 源流の森・安芸冠山山麓 廿日市市吉和 46

山口県11コース

20 里地 里海 角島・俵島 下関市・長門市 48

※**コースデータと地図の歩行時間の関係について**／両者の歩行時間の合計が一致していない山の多くは、復路の時間は往路よりも短縮できるためです。特に、勾配率が大きな山の同じ道の往復路では、上りと下りに要する時間に必ず差が出てきます。したがって、地図の往路の区間時間を足した総時間が、コースデータの徒歩総時間と同じにならない山もあります。

島根県6コース

岡山県11コース

目次

鳥取県2コース

番号	区分	コース	所在地	ページ
48	里地	大山滝への森の道	東伯郡琴浦町	104
49	里山・里地	船上山	東伯郡琴浦町	106

愛媛県11コース

番号	区分	コース	所在地	ページ
50	里山	石鎚山	西条市・上浮穴郡久万高原町	108
51	里地・里海	遊子の段畑	宇和島市	110
52	里地	滑床渓谷	北宇和郡松野町	112
53	里山・里地	別子銅山・東平	新居浜市	114
54	里地・里海	芸予要塞・小島	今治市	116
55	里山	瓶ケ森	西条市	118
56	里地・里海	佐田岬・灯台への遊歩道	西宇和郡伊方町	120
57	里山・里地	鷲ケ頭山	今治市大三島町	122
58	里山・里海	しまなみ海道と亀老山	今治市	124
59	里山・里地	岩城島・積善山	越智郡上島町	126
60	里山	世田山～笠松山	西条市・今治市	128

徳島県2コース

番号	区分	コース	所在地	ページ
61	里山	剣山	三好市	130
62	里地	祖谷のかずら橋	三好市	132

香川県4コース

番号	区分	コース	所在地	ページ
63	里地・里海	塩飽諸島・本島	丸亀市塩飽本島町	134
64	里山	讃岐富士山	丸亀市・坂出市	136
65	里地	寒霞渓・小豆島	小豆郡	138
66	里地・里海	男木島・女木島	高松市	140

高知県6コース

番号	区分	コース	所在地	ページ
67	里地・里海	室戸岬・乱礁遊歩道	室戸市	142
68	里地	四国カルスト	高岡郡津野町・高岡郡梼原町・愛媛県西予市	144
69	里地	中津渓谷・安居渓谷	吾川郡仁淀川町	146

兵庫県4コース

九州編3コース

番外編3コース

Column

松江
境港
米子
米子IC
宍道IC
山陰自動車道
松江自動車道
49 船上山
48 大山滝
倉吉
鳥取
豊岡
大山
溝口IC
鳥取県
鳥取自動車道
玉峰山
32
雲南吉田IC
江府IC
三平山 46
蒜山IC
43
新庄村
38 中蒜山
智頭IC
智頭
米子自動車道
湯原IC
琴引山と赤名湿原
36
大膳原
3
2
1
道後山
竜王山
高野IC
北近畿豊岡自動車道
和田山IC
75
竹田城
兵庫県
西粟倉IC
41 那岐山
42 後山
院庄IC
津山IC
44
北房JCT
落合JCT
出雲街道・津山宿
中国自動車道
佐用JCT
書写山・圓教寺
73
播但連絡道路
春日IC
氷上IC
丹波山口IC
舞鶴若狭自動車道
福崎IC
口和IC
三次
三次東IC
三次IC
岡山県
賀陽IC
備中松山城跡 40
高梁
岡山自動車道
岡山総社IC
和気アルプス
熊山 47
和気IC
山陽IC
45
備前IC
龍野の町並み 76
相生
龍野IC
山陽姫路西IC
姫路
岡山IC
山陽自動車道
山陽新幹線
16 岳山
世羅IC
尾道自動車道
西瀬戸尾道IC
河内IC
本郷IC
新尾道
福山西IC
福山東IC
笠岡IC
新倉敷
岡山
39 牛窓・オリーブの丘
新神戸
西明石
福山
笠岡
竹原町並み
三原
18
17
浄土寺山
11
佐木島・太平山
37 笠岡諸島・白石島
65 寒霞渓・小豆島
淡路IC
63
66
男木島・女木島
因島北IC
大三島IC
12
青影山
塩飽諸島・本島
関西国際空港IC
13 57
59
岩城島・積善山
善通寺IC
坂出IC
高松
洲本IC
神峰山
鷲ケ頭山
64
讃岐富士山
高松自動車道
香川県
鳴門IC
54
芸予要塞・小島
58
大島南IC
しまなみ海道と亀老山
今治IC
和歌山
和歌山IC
今治湯ノ浦IC
74 沼島
60
世田山～笠松山
徳島
徳島自動車道
和歌山県
いよ小松IC
いよ西条IC
井川池田IC
土居IC
海南
新宮IC
湯浅御坊道路
53 別子銅山・東平
徳島県
松山自動車道
62 祖谷のかずら橋
55
50
71 平家平
61 剣山
大豊IC
石鎚山
瓶ケ森
高知自動車道
南紀田辺IC
高知県
四国カルスト
69 中津渓谷・安居渓谷
南国IC
田辺
72 横倉山
高知IC
白浜
68
高知
土佐IC
久保谷森林セラピーロード
須崎東IC
須崎
須崎中央IC
70
四万十町中央IC
67
室戸岬
熊野本宮大社
川湯温泉
南紀田辺IC
田辺
新宮
82 熊野古道
白浜
那智の滝
那智大社
和歌山県
太地
串本

里地里山82選 エリアマップ

里山

奥出雲を展望

1 道《どう》後《ご》山《やま》

庄原市

爽快な尾根歩きと３６０度の大展望

道後山の南斜面の下山迂回路

オススメ度 ★★★★☆

魅力満喫度

400点満点 **300点**

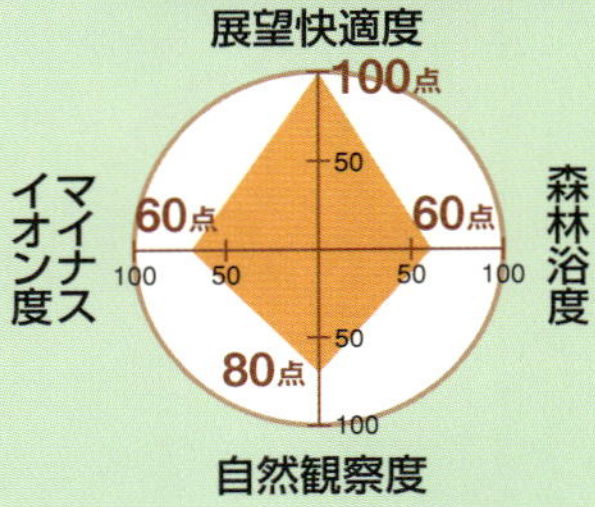

その他の魅力

山麓には、昔の里山暮らしの風情を残すものがある。牛囲いの石垣跡である。高さ1m前後に積まれた石垣が尾根沿いに連続している。なだらかな斜面を活用しての放牧が行われていた痕跡。

コースデータ

■徒歩総時間……３時間
■標高…………1271 m
■楽しめる期間…４～11 月
■累積標高差…340 m
■お勧めの季節…夏の避暑にもってこい
■歩行距離………4.5 キロ

温泉データ

泉質：単純温泉

かんぽの郷庄原さくら温泉

☎0824-73-1800　庄原市新庄町 281-1

コースの特徴

登山の初心者や、家族連れでも安心して歩ける標高１千ｍを超す里山である。岩樋山と道後山という２つのピークを結ぶ尾根筋は、３６０度の大展望を満喫しながらの、爽快なスカイライン道。まずは車で道後山スキー場駐車場を目指す。さらに細い舗装道を登ると、月見が丘駐車場という約30台駐車可能な場所に着く。ここが実質的な登山口であり下山口である。

しばらくは平坦な森の中の道を歩き、ジグザグの軽い上り坂が現れるとすぐに分岐標識がある。岩樋山方面へと道をとり樹林帯の中をさらに登ると、岩樋山山頂である。そこからは、爽快な尾根歩きが待っている。

緩やかな斜面を下りきると、再度ゆるい傾斜の登りが待っている。小さなピークを越えると、前方に道後

（上）岩樋山の山頂、左は道後山山頂　（右下）岩樋山から道後山への尾根筋歩き
（中下）道後山山頂から奥出雲方面を見る　（左下）山中には分かりやすい標識がある

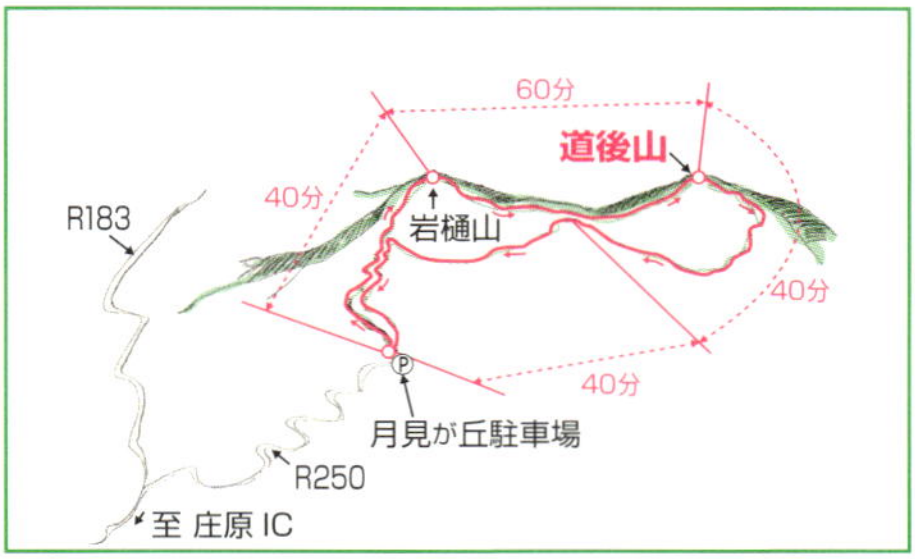

【アクセス】中国自動車道・庄原ＩＣから登山口まで車で約１時間
【問い合わせ先】庄原市観光協会
☎0824-75-0173

最寄りの施設

道後山高原荘
☎0824-84-2170
道後山登山口に近い宿泊施設。四季を通じて営業しており、道後山の季節情報なども取得することができる。

山の山頂が見えてくる。下りは、往路を帰ってもいいが、道後山の南側を巻きながら下山口に至る道もある。

登山口の熊野神社は巨樹の森

里地・里山

ヤマタノオロチ伝説の地

2

竜王山《りゅうおうざん》(比婆山山系《ひばやまさんけい》)

伝説の滝を経て竜の王が住む里山へ

庄原市

オススメ度 ★★★★☆

魅力満喫度

400点満点 **350点**

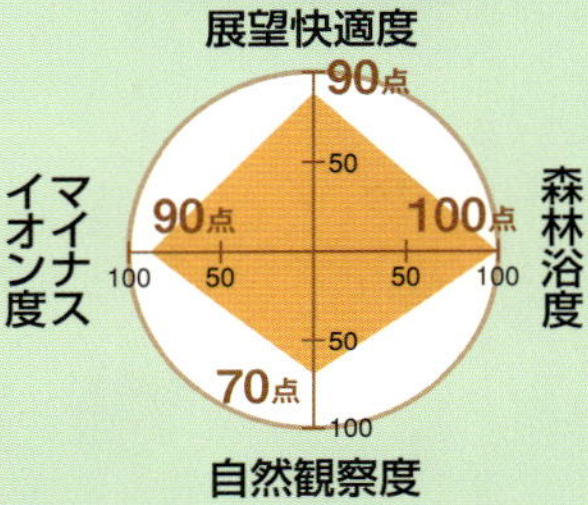

その他の魅力

時間に余裕があれば、竜王山からイザナミ神の墳墓という説もある比婆山御陵、そして出雲峠から県民の森へと縦走するロングコースもオススメ。

コースデータ

■徒歩総時間……5時間
■楽しめる期間…4～11月
■お勧めの季節…秋の紅葉時期
■歩行距離………8.5キロ
■標高…………1256m
■累積標高差…上り610m
下り490m

温泉データ　泉質：単純温泉

かんぽの郷庄原さくら温泉
☎0824-73-1800　庄原市新庄町281-1

コースの特徴

中国山地では「ヤマタノオロチ伝説」は、神楽舞などで広く浸透している。しかし、オロチの頭部分といわれる船通山山麓の「鳥上滝《とりがみのたき》」が島根県奥出雲町にあり、その尾の部分である「鳥尾の滝」が、このルート沿いにある那智の滝の別名であることは意外に知られていない。

このルートは、そんな隠された古代からのパワースポットを巡ることができる。登山口である熊野神社は杉の巨木の森である。そこから森閑とした樹林を抜けると、突如として那智の滝が現れる。滝の飛沫を全身に浴びることで聖域への入境する心身浄化となる。

そこからは、やや急なジグザグの坂道となるが、竜王山山頂に近づくにつれて整備された空間となってくる。竜王山山頂からの大展望を満喫

（上）竜王山山頂からの大展望　（右下）那智の滝は心身浄化の場所
（中下）県民の森への下山道、ブナの林　（左下）ブナ林の午後、木漏れ日を浴びながら

した後は、烏帽子山の脇からの下り道を県民の森へと向かう。この下り道も県内有数のブナ林。十二分に森の恵みを感じながらのウォークとなる。

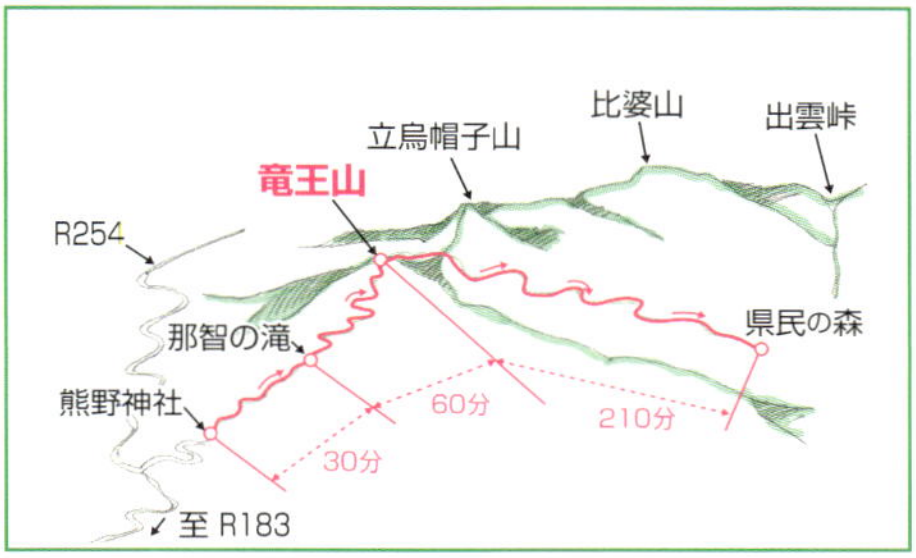

【アクセス】中国自動車道・庄原 IC から登山口の熊野神社まで車で約１時間　※下山口は県民の森
【問い合わせ先】庄原市観光協会
☎ 0824-75-0173

最寄りの施設

ひろしま 県民の森
☎ 0824-84-2011
この行程では、下山口にある宿泊・入浴設備のある施設。四季折々、近隣のエリアでイベントを開催している。ロビーでは、地域で撮影された写真展示会も行われる。

里地・里山

黄泉の国との境目

3

大膳原《だいぜんばら》（吾妻山《あずまやま》）

神話の舞台で古代からのエネルギーを感知

庄原市

吾妻山山麓は森林浴世界

オススメ度 ★★★★★

魅力満喫度

400点満点 330点

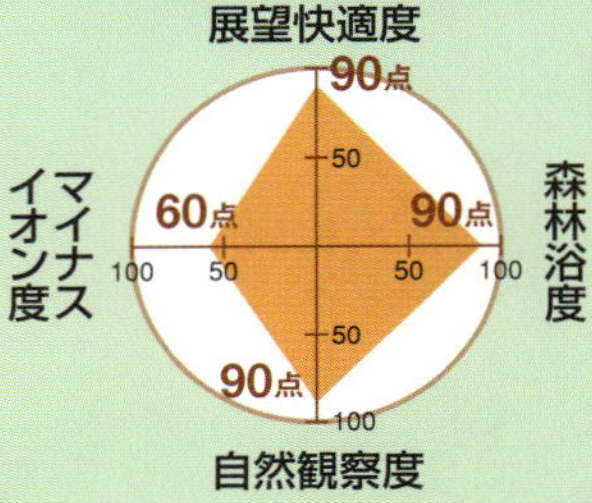

その他の魅力

吾妻山は島根県との県境の山。山頂から東北方角には奥出雲地方の眺望が展開し、まさに神話の舞台を見おろしている気分に浸れる。

コースデータ

- 徒歩総時間……３時間
- 標高…………1030 m（大膳原）
- 楽しめる期間…４～11 月
- 累積標高差…500 m前後
- お勧めの季節…夏の避暑にもってこい
- 歩行距離………５キロ

温泉データ　泉質：単純温泉

かんぽの郷庄原さくら温泉

☎0824-73-1800　庄原市新庄町 281-1

コースの特徴

古事記に記載されている、イザナミとイザナギの物語の舞台ともいわれている場所。黄泉の国（イザナミの御陵があるとされている比婆山）との境界とされているのが、吾妻山との境にある大膳原である。この古代のエネルギーが還流する大地にて、しばしの心身浄化の時間をもってみたい。登山口の吾妻山休暇村から吾妻山までは、見晴らしのいい上り坂。

吾妻山の山頂からは３６０度の大展望が広がり、南方角に比婆山山塊も手に取るように眺望できる。吾妻山山頂から尾根筋を下り、その途中から大膳原への坂が始まる。大膳原は広々とした草地。背中を伸ばして寝っ転がったり、山ヨガなどをするには最適の場所である。

時間と体力、そして車２台の手配ができれば、１台を比婆山山麓にあ

（上）大膳原での山ヨガ
（右下）吾妻山登山口である休暇村　（中下）吾妻山は植物の宝庫　（左下）大膳原への分岐標識

る県民の森にあらかじめ配車してお
き、比婆山への縦走も試みたい。縦
走はやや上級者向きコースだが、多
岐にわたる自然の変化も楽しめる。

最寄りの施設

休暇村吾妻山ロッジ

☎ 0824-85-2331

登山口である吾妻山の山麓にある宿泊設備を兼ねた施設。ロビーには、この山域での花図鑑や写真の展示スペースなどもある。

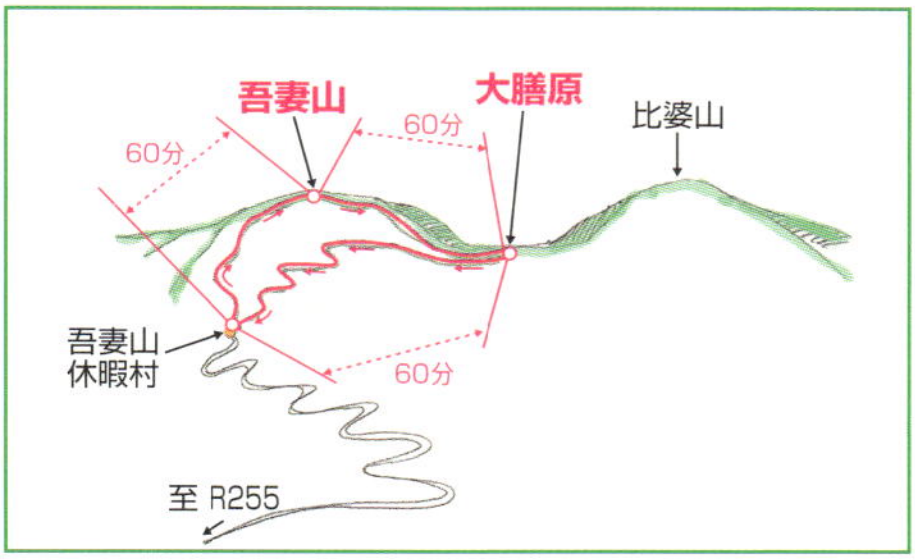

【アクセス】 中国自動車道・庄原 IC から登山口の吾妻山休暇村まで車で約 1 時間

【問い合わせ先】 庄原市観光協会

☎ 0824-75-0173

高岳山頂にて

里山

湖畔の名峰群

4 聖山《ひじりさん》～高岳《たかだけ》縦走

聖湖の背後に聳える名峰を巡る

山県郡北広島町

オススメ度 ★★★☆☆ ※上級者向き

魅力満喫度

400点満点 280点

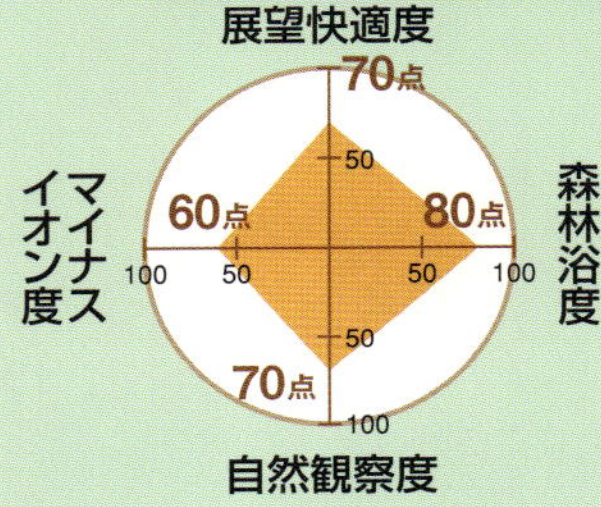

その他の魅力

この縦走路の起点となる聖湖周辺には、秋の紅葉名所がいくつもある。聖湖畔を周回するドライブコースにも何個所かあるが、特にお勧めなのは、聖湖ダムから下って15分の場所にある三つ滝。

コースデータ

■徒歩総時間……5時間
■楽しめる期間…4～11月
■お勧めの季節…夏の避暑・秋の紅葉
■歩行距離………10.5キロ
■標高…………1113m（聖山）
■累積標高差…上り 約650m
下り 約650m

温泉データ　泉質：セラミック温泉

いこいの村ひろしま
☎0826-29-0011　山県郡安芸太田町松原1-1

コースの特徴

冬季も含めて登山上級者にとっては格好のフィールド。1千m級の2つの峰の縦走ルートであるが、周回コースなので最初に車を止めた駐車場が登山口でもあり、下山口ともなる。ただ、降雪・多雨などの厳しい環境下にあるので、登山道などの最新情報の取得には注意を喚起したい。

起点（終点も同じ）は、聖湖樽床《たるとこ》ダム近くの駐車スペースとなる。登りはじめは、林道をしばらく歩くことになる。「聖山山頂入口」の標識からは樹林帯の中へと変わっていく。聖山山頂からは、細かいアップダウンを繰り返す道が続く。

奥匹見峡（野田の百本松方面）方面との分岐を過ぎると、ブナ林の快適な道となる。高岳頂上近くの急坂をひとふんばりすると、広々とした

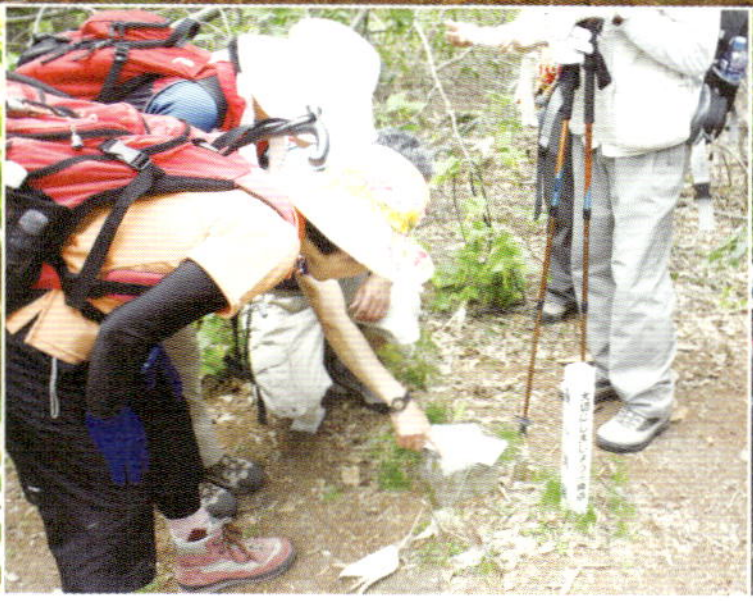

（上）高岳山頂から聖湖を見おろす
（右下）聖山山頂入り口標識　（中下）聖山山頂三角点　（左下）森の木漏れ日を浴びながら

空間が待っている。山頂からは樹林帯の中を約1時間半で、最初の駐車スペースに戻ることができる。

最寄りの施設

道の駅 来夢《らいむ》とごうち

☎0826-28-1800

中国道戸河内インターを出るとすぐの場所にある。トイレなども完備。安芸太田町の商工観光課もこの建物の中にあり、地域の観光情報などを取得できる。

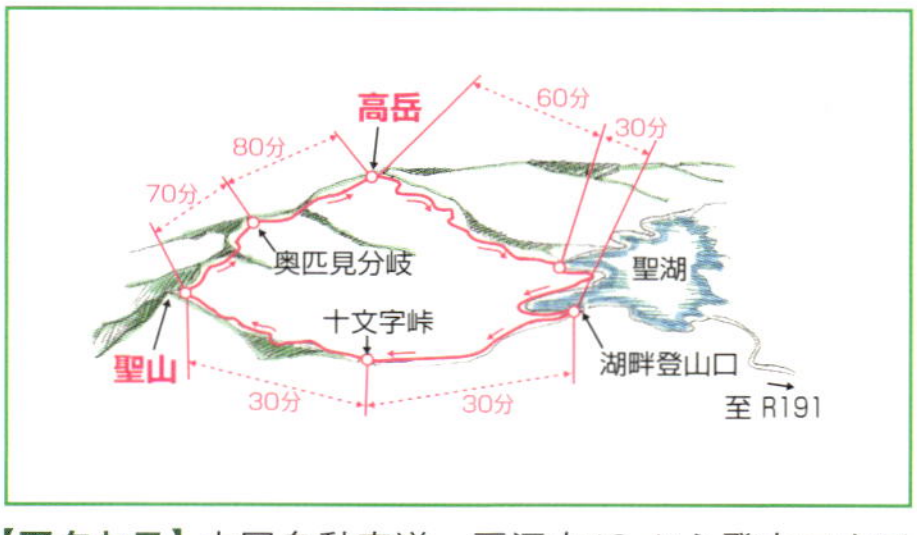

【アクセス】中国自動車道・戸河内 IC から登山口まで車で約 1 時間

【問い合わせ先】北広島町観光協会芸北支部

☎0826-35-0888　もしくは、

北広島町観光協会　☎0826-72-6908

銀竜草（ぎんりょうそう）

里山

植生の宝庫

5 天狗石山《てんぐいしやま》・高杉山《たかすぎやま》縦走

変化に富んだ中国山地有数の縦走ルート

山県郡北広島町

オススメ度 ★★★★☆

魅力満喫度

400点満点 **300点**

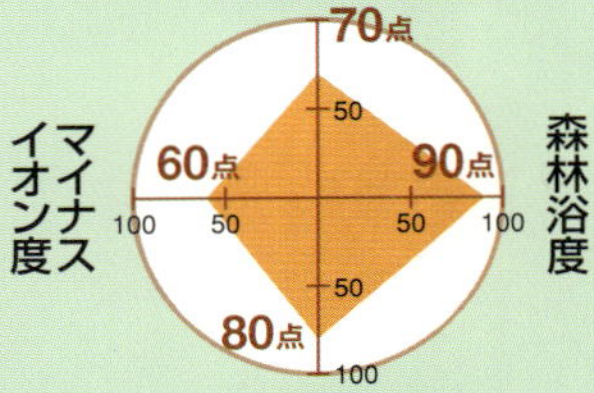

その他の魅力

銀竜草《ぎんりょうそう》：不思議な植物である。身の丈10cm前後の小さな形は、全体がすべて透けた色素のない白色をしており、日陰を好んで生えている。別名ユウレイタケとも呼ばれる。

コースデータ

■徒歩総時間……４時間
■楽しめる期間…４～11月
■お勧めの季節…夏の避暑・秋の紅葉
■歩行距離………6.3キロ
■標高…………1192ｍ(天狗石山)
■累積標高差…上り538ｍ
　　　　　　　下り620m

温泉データ

泉質：単純弱放射能冷鉱泉

芸北オークガーデン

☎0826-35-1230　山県郡北広島町細見145-104

コースの特徴

5月から6月は淡い新緑が目にやさしく、また、高杉山への縦走路では銀竜草の群落を見ることができる。

標高1千ｍを超す2つの峰を結ぶ尾根筋は、夏の盛りでも生い茂る樹林の中では、緑風が涼を運んでくれる。秋には、この縦走路が錦絵の如く華麗なる変化を遂げる。諸条件の厳しい冬場といえど、隣接するスキー場のお陰で、山麓をスノーシュー歩行プログラムも容易に実施できる利点がある。

天狗石山への登山口からいきなり急斜面の上りが始まるが、約30分もすれば展望の開けた尾根筋の道へと変わる。頂上に近づくにつれて、美しいブナの森の道へと姿を変えていく。

往路を途中まで引き返し、高杉山への縦走路へと向かう。高杉山の頂上を超えるとサイオトスキー場上部

（上）天狗石山山頂近くのブナ林
（右下）登りはじめの急坂　（中下）展望が広がる尾根筋道　（左下）ユートピアサイオトへの下り坂

に出て、そこからはゲレンデ沿いをユートピアサイオトまで一気に下って行く。

【アクセス】中国自動車道・戸河内ICから登山口まで車で約1時間30分
【問い合わせ先】北広島町観光協会芸北支部
☎0826-35-0888　もしくは、
北広島町観光協会　☎0826-72-6908

最寄りの施設

ユートピアサイオト
☎0826-35-1234
下山口に近い場所にある。冬はスキーやスノボーの会場となるが、夏はジップラインやグラススキーなどのアクティビティが楽しめる。トイレ、駐車場あり。

里地・里山

国の天然記念物

6 テングシデの林・熊城山《くまのじょうやま》

幾重にも屈曲した奇怪なテングシデ林を抜けて

山県郡北広島町

冬場のテングシデ。12月

オススメ度 ★★★★☆

魅力満喫度

400点満点 **300点**

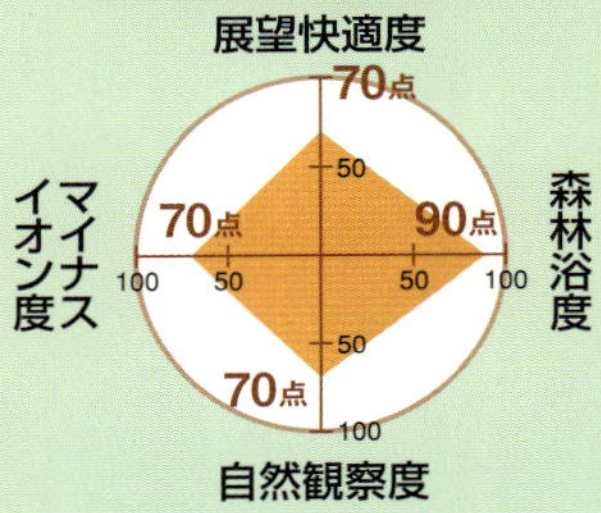

その他の魅力

テングシデの林は、四季折々に豊かな表情を見せてくれるが、一番のお勧めは冬場。奇怪な樹形の幹々に雪が付いている光景は一見の価値がある。

コースデータ

■徒歩総時間……3時間
■楽しめる期間…4～11月
■お勧めの季節…新緑と新雪の時期
■歩行距離………6.5キロ
■標高…………998m（熊城山）
■累積標高差…上り485m（復路同じコース）

温泉データ　泉質：単純放射能泉

田原温泉五千年風呂
☎0826-82-3888　山県郡北広島町田原665

コースの特徴

登り口である標高600m前後の谷間には、大小約100本のテングシデ（広島県天然記念物）が群生している。この奇怪な姿の樹林帯は、季節の変化とともにその装いを楽しませてくれる。特に新緑と新雪の時期の見事なコントラストは、通年を通じてこのエリアへと足しげく通わせる原動力となっている。

さらには、この山域は生活環境保全林となっており、山頂まで整備された遊歩道が連続する。遊歩道沿いには、モミジ、モクレン、ツツジ、など100種類を超える樹木が3万本余りも植えられており、四季折々に野鳥観察や森林散策が楽しめる。

熊城山へは、案内板に従いテングシデ横の道を登ると舗装林道に出るが、そのまま進むとやがて地道が現れる。ここから急な道になるが眺め

（上）テングシデの林。９月　（右下）テングシデ群落地からの上り坂
（中下）整備された遊歩道が続く　（左下）熊城山の山頂は意外にも展望がない

はすばらしい。山の名の由来といわれる城壁のような岩壁が見えたら頂上は近い。頂上にはなだらかな稜線沿いに標識があるのみである。

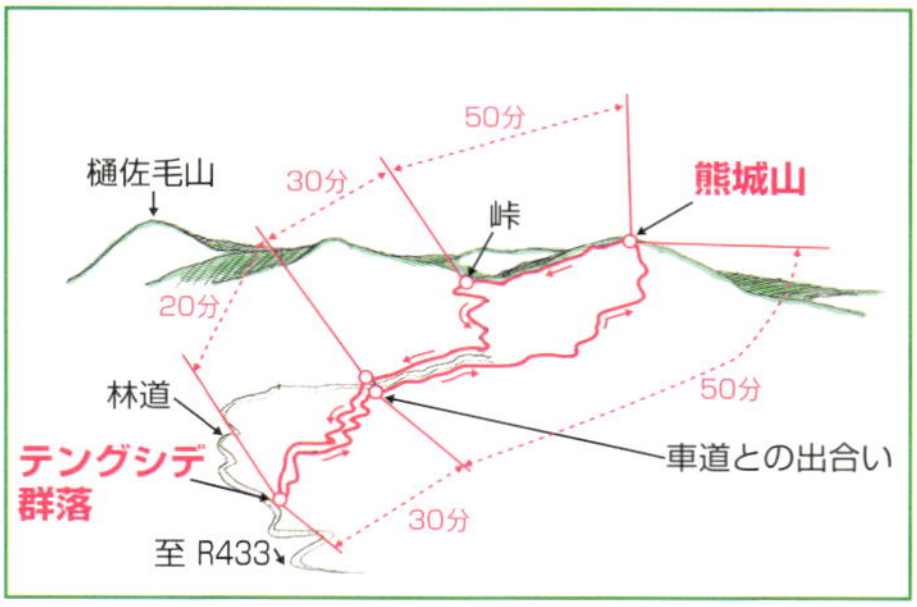

【アクセス】浜田自動車道・大朝 IC から車で約 15 分
【問い合わせ先】北広島町教育委員会
☎ 050-5812-1864

最寄りの施設

交流館「天狗の里」
☎ 0826-82-3234
田原温泉に隣接する、多目的ホールと地元大朝町の旬の野菜を販売する農産物直売所を備えている。テングシデ訪問や熊城山登山後、入浴とともに地元の旬の食材を購入してみたい。

登山口である駐車場

里地・里山

のどかな草原状景観

7 雲《うん》月《げつ》山《さん》

1千m近い場所で牧歌的世界に浸る

山県郡北広島町

オススメ度 ★★★★☆

魅力満喫度

400点満点 **310点**

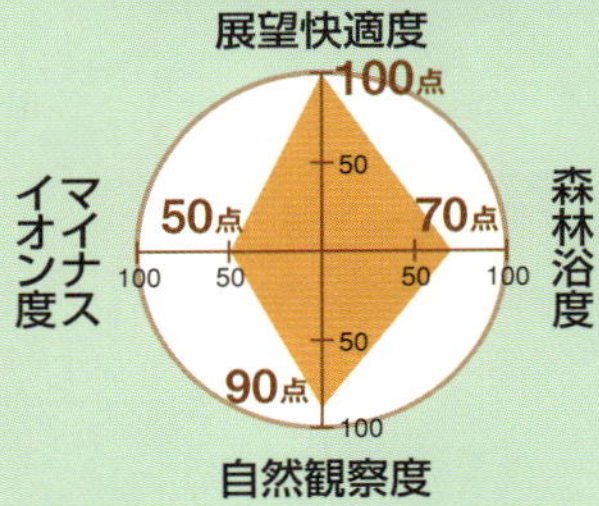

その他の魅力

この山へのアプローチ道も結構楽しめる。雲月小学校を過ぎたあたりから、車道の両サイドにはおだやかな里山の風景が季節折々に展開する。都会に住む人には、それを見ながらドライブするだけでも非日常感が味わえる。

コースデータ

- 徒歩総時間……３時間
- 標高…………911 m
- 楽しめる期間…４～11 月
- 累積標高差…340 m
- お勧めの季節…新緑とススキが揺れる秋
- 歩行距離………5.5 キロ

温泉データ　泉質：セラミック温泉

いこいの村ひろしま
☎0826-29-0011　山県郡安芸太田町松原 1-1

コースの特徴

山歩きを始めてみたい、という方には、お勧めの里山である。天気のいい日中、この山の山頂でお昼寝をしていると、まるでアルプスの少女ハイジの気分に浸ることができるかもしれない。車では、まず山県郡北広島町土橋地区を目指す。雲月小学校などの横を通過しながら豊かな山村風景の中をドライブ。

登山口には車が数十台分のスペースがある。駐車スペースからは、歩いて行くほとんどの行程が手に取るように眼前に展開するのも嬉しい。草原状の緩やかな山腹の道を頂上へと向かう。

頂上からしばらくはおだやかな下り坂だが、樹林帯に入ると急坂となるので注意が必要である。放牧の牛が通過する谷合からは、息が弾むような急斜面の上りが15分程度待って

（上）頂上では草の上での昼寝を満喫したい　（右下）秋にはススキの群落が待っている
（中下）歩きはじめから 30 分の風景　（左下）快適な尾根筋から

いる。

この山は登山以外にも多様な魅力がある。春先には地元の有志によって「山焼き行事」が復活している。

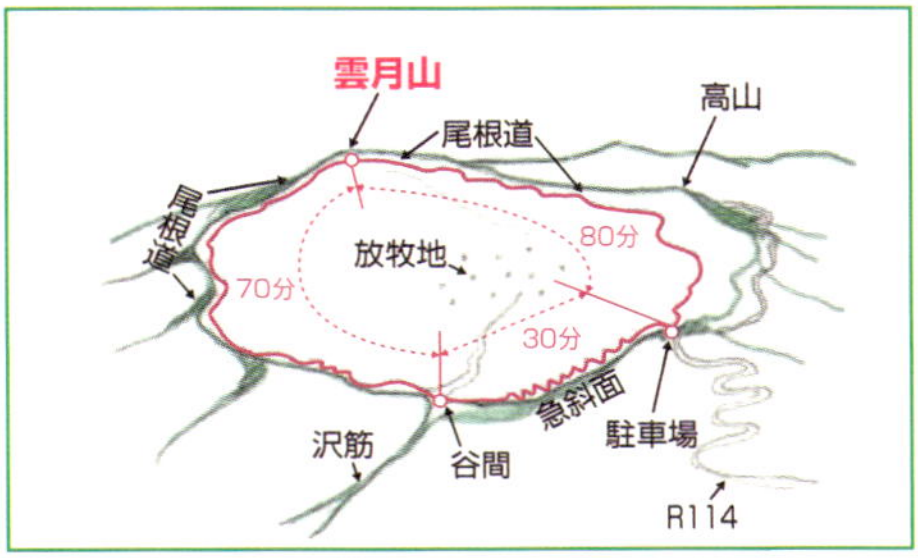

【アクセス】 中国自動車道・戸河内 IC から登山口まで車で約 1 時間
【問い合わせ先】 北広島町観光協会芸北支部
☎ 0826-35-0888

最寄りの施設

さわやか森林の朝市
☎ 0826-35-1230
芸北オークガーデン交流ターミナル前で 5 ～ 11 月日曜営業：8:00 ～ 12:30
登山の前に立ち寄り、季節の旬の産物を購入できる。なお、芸北オークガーデン内にも温泉があるので、登山後に立ち寄り湯を楽しめる。

ふかふかの落ち葉の道を行く

里地・里山

秘境の森

8 市《いち》間《ま》山《やま》のブナ林

知られざるブナの聖地を歩く

山県郡安芸太田町

オススメ度 ★★★★★

魅力満喫度

400点満点 **330点**

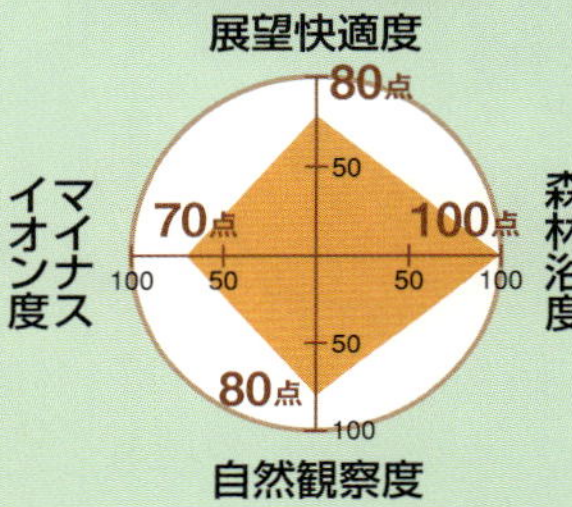

その他の魅力

このルート途上にあるブナ林は、中国山地でも有数の美的景観がありながらも、意外にも訪れる人は少ない。登山道整備の情報があまり知れ渡っておらず敬遠する人が多く、いまだに秘境感が味わえる貴重な場所である。

コースデータ

■徒歩総時間……6時間
■楽しめる期間…5～11月
■お勧めの季節…11月初旬の黄葉時期
■歩行距離………8キロ
■標高…………1108m（市間山）
■累積標高差…上り667m
下り544m

温泉データ　泉質：単純温泉

グリーンスパ筒賀
☎0826-32-2880　山県郡安芸太田町中筒賀字才之峠280

コースの特徴

このブナ林は標高1千m前後の高地にある。近年、地元自治体の尽力による登山道整備が行われるまでは、アプローチすら困難な場所だった。それだけに「知られざるブナの聖地」という表現が似合う空間である。

今回は立岩山からの縦走コースを紹介するが、車1台でのアプローチの場合には、下山口からの往復をお勧めする。登山口から立岩山までは、かなり急峻な斜面の上り坂が連続するが、秋にはこの斜面の紅葉も見逃せない。

立岩山から市間山への尾根筋縦走路は、四季折々に豊かな表情を見せてくれる素敵なスカイライン道である。特に、市間山山頂少し手前にある平坦な空間では、ブナの巨木が林立して、まるでおとぎの国に迷い込

（上）ブナの巨樹の森
（右下）秋は山全体が錦絵世界に変わる　（中下）人知れず深まる秋　（左下）夏には緑の樹海となる

んだような気分に浸れる。

山頂から人工林のそばをひたすら下っていくと、戸河内方面へと林道が続く牛首峠へと至る。

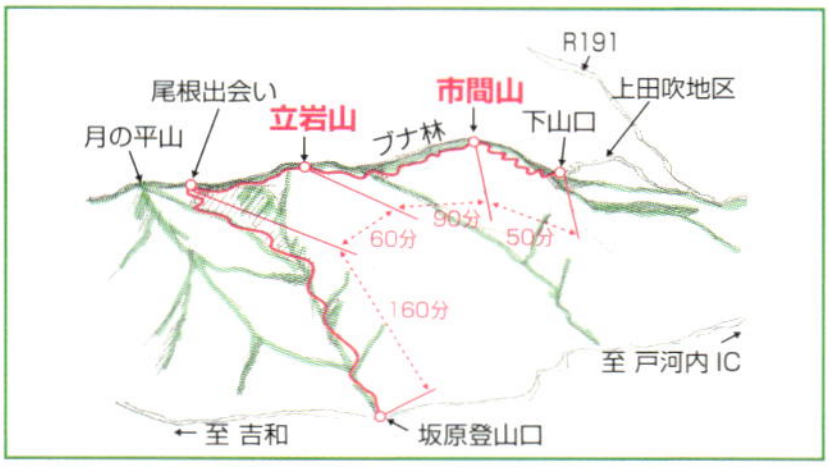

【アクセス】 中国自動車道・戸河内 IC から登山口まで車で約 30 分。※紹介しているコースの場合には、車２台（登山口と下山口が異なるため）が必要である。車１台の場合には、市間山のブナ林までの往復行程
【問い合わせ先】 安芸太田町商工観光課
☎ 0826-28-1961

最寄りの施設

道の駅 来夢《らいむ》とごうち
☎ 0826-28-1800
中国道戸河内インターを出ると、すぐの場所にある。トイレなども完備。安芸太田町の商工観光課もこの建物の中にあり、地域の観光情報などを取得することができる。

棚田の中をハイキング

里地

天空の集落と幽玄の森

9

井仁《いに》の棚田《たなだ》と引《ひ》き明《あ》けの森《もり》

日本百選の棚田と秘境の森を歩く

山県郡安芸太田町筒賀

オススメ度 ★★★★★

魅力満喫度

400点満点 **340点**

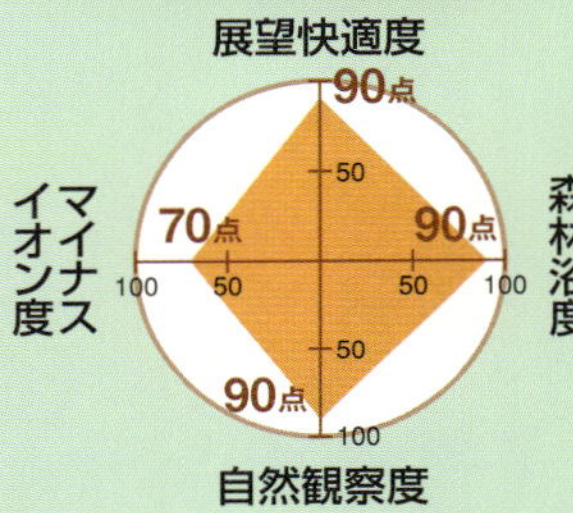

その他の魅力

井仁地区からの車でのアプローチ以外に、龍頭峡から引き明けの森への森歩き道もある。この山域は、現在（2015年）、地元有志によって環境整備が進んでいる。滝からの飛沫浴と、森での森林浴を併せた歩行プログラムとして有効なトレイル。問い合わせ先：天上山結（ゆい）クラブ（0826-32-2455 梅田）

コースデータ

■徒歩総時間……２時間
■楽しめる期間…３～11月
■お勧めの季節…田植え前・稲刈り前
■歩行距離………３キロ
■標高…………520ｍ（井仁地区）
■累積標高差…50～100ｍ

温泉データ

泉質：単純弱放射能冷鉱泉

龍頭峡温泉 龍頭ハウス

☎0826-32-2100　山県郡安芸太田町大字中筒賀842-4

コースの特徴

「日本百選」に選出されている里山風景を、同時に2か所訪れることができる、広島県内でも貴重な里地・里山エリア。まずは農林水産省によって１９９９年に選ばれた「日本棚田百選」のひとつが井仁の棚田。そして89年に椎名誠やＣＷニコル、立松和平らによって全国から選出された「日本秘境百選」のひとつが、引き明けの森である。

この２つの景観を結ぶ林道は、井仁集落最奥部にある獣害阻止用のゲートがスタート地点。引き明けの森入り口付近には、数台分の駐車スペースがある。時間に余裕があれば、天上山《てんじょうざん》への往復登山も検討できる。※車２台でのアプローチの場合には、井仁地区・引き明けの森の後、徒歩移動で龍頭峡まで下ることもできる。井仁地区の棚田では季節に応

（上）天空に浮かぶ集落、井仁の棚田風景
（右下）冬の早朝には霧海が出る　（中下）棚田での行事もユニークだ　（左下）引き明けの森にある巨樹

じて、田植えや茶摘み、わら草履づくり、稲刈りなどの里山暮らし体験プログラムも開催されている。

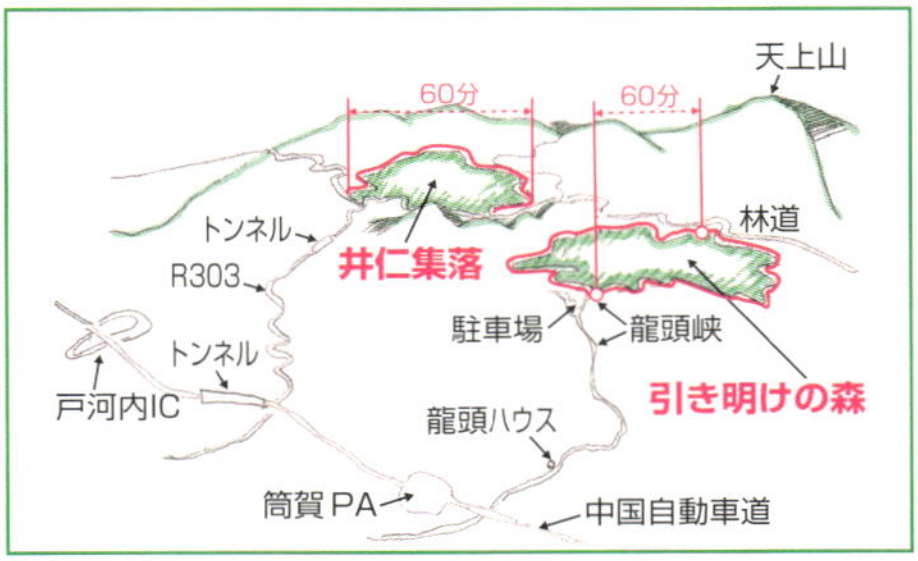

【アクセス】中国自動車道・戸河内ICから車で約30分で井仁集落。龍頭峡へは車で約10分
【問い合わせ先】安芸太田町商工観光課
☎0826-28-1961

最寄りの施設

龍頭峡 交流の森

キャンプ場や バーベキュー広場などの施設があり、家族連れでのアウトドアレジャーが楽しめる。この交流の森公園内にある「森林館」には、ぜひ立ち寄ってもらいたい。館内には、森や樹木についての学びコーナーや、地元・旧筒賀村を支えた村有林の歴史の写真展示などがある。

里山・里海

広島市最大の島

10 安芸小富士山《あきのこふじやま》（似島《にのしま》）

広島湾に聳えるミニサイズの富士山歩き

広島市南区
似島町

ミニチュア富士山

オススメ度 ★★★★☆

魅力満喫度

400点満点 **300点**

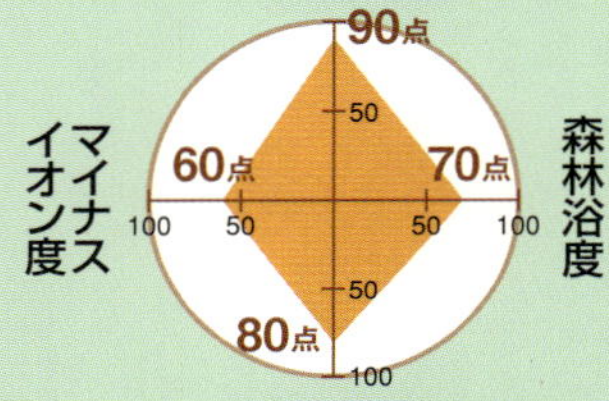

その他の魅力

似島には、この山以外にも「里山・里海」の眺望を満喫できる場所がある。島の南にある下高山である。体力のある人は、1日で２つの里山を登ることもできる。

コースデータ

- ■徒歩総時間……３時間
- ■楽しめる期間…通年
- ■お勧めの季節…冬の陽だまり季節
- ■歩行距離………7 キロ（山頂往復）
- ■標高…………278 m
- ■累積標高差…上り 278m

温泉データ　泉質：含弱放射能

宇品天然温泉ほの湯

☎ 082-252-1126　広島市南区宇品東 3-4-34

コースの特徴

江戸時代には、荷継ぎの港として栄えていたので、「荷の島」とも呼ばれていた。この島は、やがて富士山に似ていることから「似島」という名称が定着したともいわれている。確かに、船でのアプローチで利用する広島港からは、ミニチュアサイズの富士山（安芸小富士山）が真南方角に鎮座している。登山を含めレジャーなどでこの島を訪れる際には、１９４５年8月の原爆投下後に1万人前後の被災者が運ばれていたことなども事前に知っておきたいものである。

さてお勧めの登山コースは、島の東側にある学園桟橋から始まる。島の外周道路を歩き、山の南側の登山口からスタート。樹林帯の緩やかな上り坂を歩くと、やがて下山ルートである似島桟橋方面との分岐標識が

（上）山頂から広島市街を望む
（右下）山の南側の登山口　（中下）４月にはツツジが盛りとなる　（左下）山頂から東側の展望

出てくると頂上まではもう一息。復路は、似島桟橋分岐から樹林の中の急坂を下って行く。

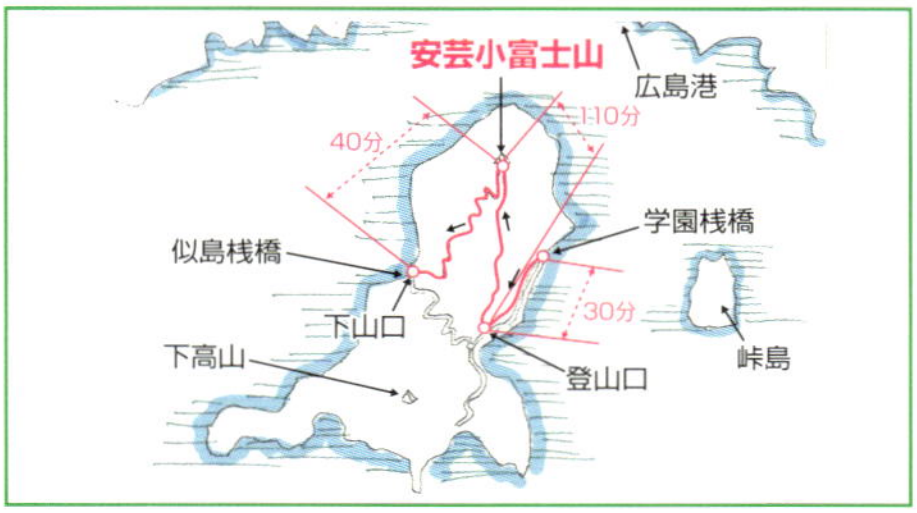

【アクセス】往路は広島港から学園桟橋へ。復路は似島桟橋から広島港へ。どちらも１日複数便あり
※似島汽船　☎082-251-6516
【問い合わせ先】広島市南区役所似島出張所
☎082-259-2511

一口メモ

似島はバームクーヘンの発祥地

ドイツ人のカール・ユーハイムは、第一次世界大戦時に捕虜として日本に連行され、似島の収容所に収容された。ドイツではケーキ職人であったユーハイムは、バームクーヘンを焼き、これが日本人とバームクーヘンとの出合いとなる。

里山・里海

トライアスロンの島

11 佐《さ》木《ぎ》島《しま》・太《たい》平《へい》山《さん》

瀬戸内の里山から里海を眺望

三原市

佐木島に到着

オススメ度 ★★★★☆

魅力満喫度

400点満点 **280点**

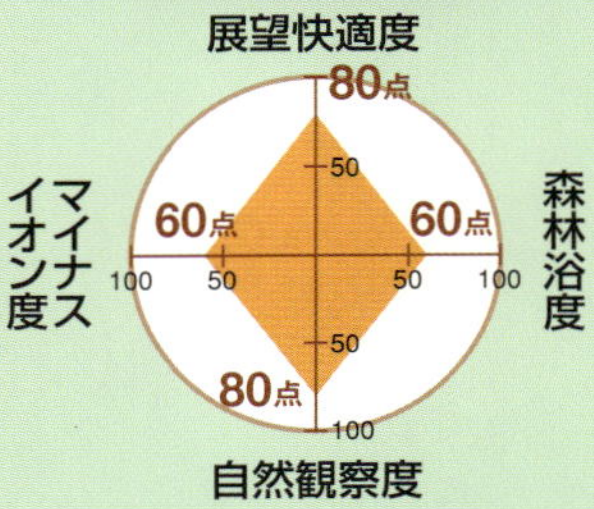

その他の魅力

向田港の波打ち際には、干潮時にその全身を現す「磨《ま》崖《がい》和《わ》霊《れい》石《いし》地《じ》蔵《ぞう》」があり、島の人々の信仰心の厚さを物語っている。

コースデータ

- 徒歩総時間……３時間
- 楽しめる期間…通年
- お勧めの季節…冬の陽だまり時期
- 歩行距離………6.5 キロ
- 標高…………268 m
- 累積標高差…268 m

温泉データ　泉質：単純弱放射能冷鉱泉

かんぽの宿竹原

☎ 0846-29-0141　竹原市西野町 442-2

コースの特徴

かつて製塩業や船舶業で栄えたこの島も、今ではおだやかで静かな汐風に包まれる日々となっている。近年は、トライアスロンや島内ウォーキングに力を注ぎ、島の活性化の源としている。

その島の中央に聳えているのが太平山。この山頂に至るルート上には、優美な瀬戸内の里海を満喫できるポイントが点在している。

佐木港から歩きはじめ、島の西側にある幸神社近くの登山口までは約30分。登山口にはまだ新しいトイレなども設置されている。登山口からは、民家や廃屋のそばを通過し、やがて山道となっていき、「みはらし岩」「千畳敷」を経て、頂上までは約1時間の道のり。頂上からはやや急斜面の道を二本松分岐へ下り、分岐からは向田地区へのジグザグの下

（上）頂上からの眺め
（右下）幸神社登山口　（中下）頂上から眺める多島美世界　（左下）秋には山道が落ち葉で彩られる

り道を行く。
頂上から島内の環状道路との出合いまで約１時間。帰路のフェリー便が出る向田港までは舗装道路を歩く。

最寄りの施設

さぎしまふるさと館

佐木島の民俗資料や歴史展示パネル、トライアスロン開催時の資料などを展示。毎週土曜・日曜、年末年始、ゴールデンウィークの開館。

問い合わせ先：鷺浦コミュニティセンター

☎0848-87-5004

※平日は事前予約で開館

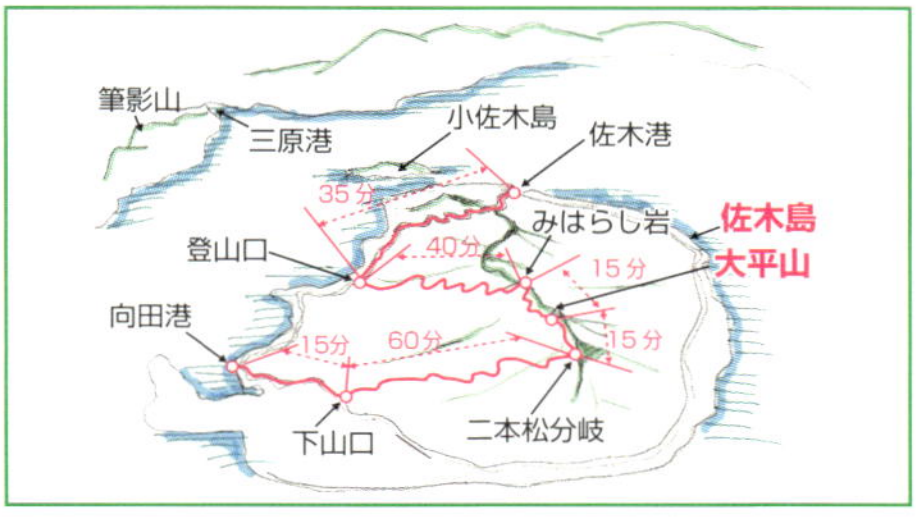

【アクセス】三原港と佐木港（往路）、向田港（復路）ともフェリー便が１日複数あり

往路：土生商船（株）☎0845-22-1337

復路：幸運丸　☎0848-87-5153

【問い合わせ先】三原観光協会　☎0848-63-1481

奥山縦走路との分岐近く

里山・里海

因島の夕陽スポット

12

水軍の拠点・青影山《あおかげやま》

村上水軍ゆかりの地から見る多島美世界

尾道市因島中庄町

オススメ度 ★★★★☆

魅力満喫度

400点満点 290点

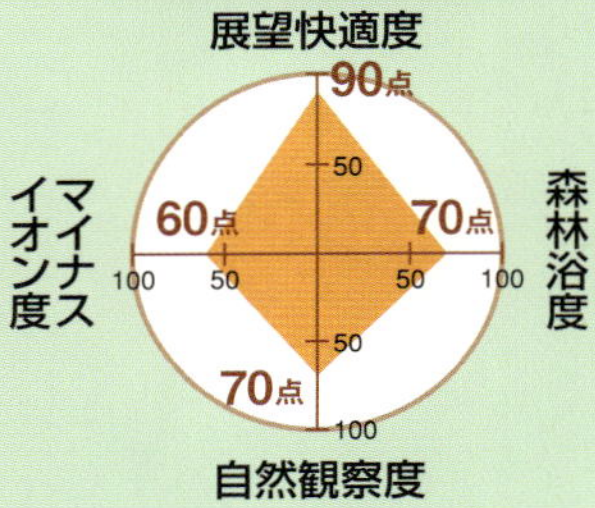

その他の魅力

因島水軍城：全国でも珍しい、お城型の資料館。南北朝時代から室町時代、安土桃山時代に瀬戸内海で活躍した、村上水軍に関する展示物、資料がある。

☎ 0845-24-0936

※木曜休館　9：30～17：00開館

コースデータ

- 徒歩総時間……3.5 時間
- 楽しめる期間…通年
- お勧めの季節…12～3月
- 歩行距離………5キロ
- 標高…………275 m（青影山）
- 累積標高差…275 m

入浴施設　※夕暮れ時の風景は絶品

ホテルいんのしま展望大浴場

☎0845-22-4661　尾道市因島土生町平木 288

コースの特徴

今ではおなじみとなっている、柑橘類の「八朔《はっさく》」の発祥地は、この青影山がある因島田熊町だといわれている。登山口である田熊保育園の奥手にある、密嚴浄土寺という真言宗の寺の境内に「八朔発祥之地」と刻まれた大きな黒い石碑が建つ。江戸時代の後期に、この寺の住職が自然に交配して発生した八朔の木を発見したことに始まるという。

青影山へのアプローチ道にも柑橘類の樹木が軒を連ね、冬の収穫時期ともなるとたわわに実る黄色の果実が、冬日にきらめく瀬戸内海の海面とともにおだやかな里山・里海風景を見せてくれる。

青影山の山頂には、因島村上水軍の拠点であった山城跡が残っており、そこから西側の展望がすばらしい。冬の夕暮れ時には、瀬戸内海の

（上）夕暮れ時には絶景が展開する
（右下）ミカン畑のそばを登って行く　（中下）林道から山道への分岐点　（左下）頂上尾根筋からの展望

島々が紅色に染まるひと時を、山城跡で静かに迎えたくなる。夕焼けに染まる多島美世界を満喫してからでも余裕をもって下山が可能である。

最寄りの施設

因島公園

尾道市因島土生町 2067
春には１千本を超える桜の木々が辺りをピンク色に染め上げる。秋にも紅葉の彩りが瀬戸内海の青さと見事なコントラストを演出。ここからの夕陽は「因島八景」のひとつ。青影山の帰路には、ぜひ立ち寄りたい場所である。無料駐車場あり。

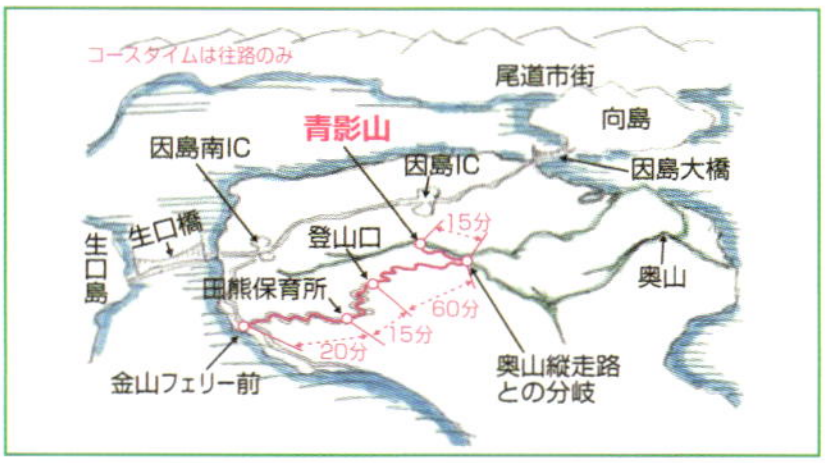

【アクセス】 スタート地点の金山フェリー前までは、尾道方面からだと因島北 IC から約 20 分、今治方面からは因島南 IC から約 10 分。金山フェリー前交差点から登山口の田熊保育園横の三角寺まで徒歩約 20 分。そこから山頂まで約 40 分
【問い合わせ先】 因島観光協会　☎ 0845-26-6111

里山・里海

映画「東京物語」の島

13 神《かんの》峰《みね》山《やま》

豊田郡大崎上島町

瀬戸内海の島々を見渡す里海の絶景満喫！

アプローチは船旅から

オススメ度 ★★★★☆

魅力満喫度

400点満点 **300点**

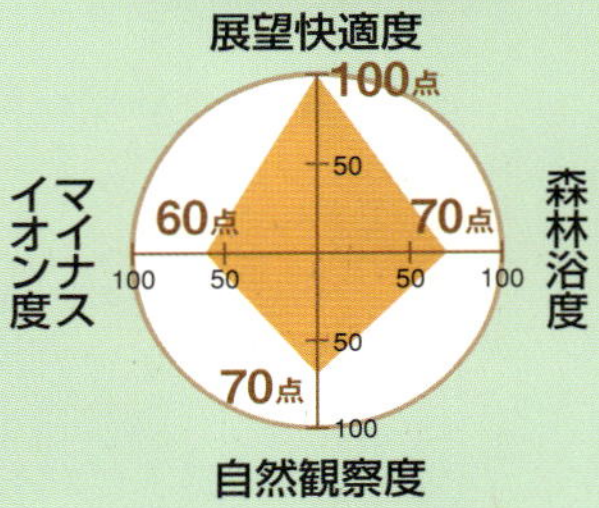

その他の魅力

この山から東側に見える島は、愛媛県大三島。この大三島にも素敵な里海風景を満喫できる鷲ケ頭山（122 ページ参照）がある。

コースデータ

■徒歩総時間…… 4 時間
■標高…………453 m
■楽しめる期間…通年
■累積標高差…444 m
■お勧めの季節…初日の出・冬の陽だまり時期
■歩行距離………3.3 キロ

温泉データ

泉質：ナトリウム、カルシウムを多く含んだ塩化物冷鉱泉

きのえ温泉

☎ 0846-62-0555（ホテル清風館）　豊田郡大崎上島町沖浦 1900

コースの特徴

竹原からは垂水港、今治からは木江港に到着し、島内交通機関で登山口である、木江港交流倶楽部かもめ館へと移動する。登山は、かもめ館のらせん階段からスタートするというユニークさ。

かもめ館からの歩きはじめの樹林帯の中は日陰道だが、それを越えると陽当たりのいい尾根筋の道となる。石鎚神社分所前を通過し、しばらくは樹林帯のジグザグ上り坂となる。途中からはところどころ樹林の間から瀬戸内海が背後に展開してくる。

第二展望台に出ると、いきなり整備された公園地のような雰囲気に変わる。頂上への標識に従い歩いて行くと、薬師堂が現れ、赤い可愛い布をつけたお地蔵さまに出会う。そこを抜けると頂上の展望台に至る。

（上）登山開始後、約1時間経過時の風景　（右下）山頂手前にある東側が展望できるテラス
（中下）赤い布のお地蔵さまたちが山頂直前の目印　（左下）映画「東京物語」のロケが行われた地域を見おろす

頂上からは、南方向の展望がすばらしい。東方向の展望は、一つ手前の展望テラスからがお勧め。また、頂上付近へは車で上がれる。

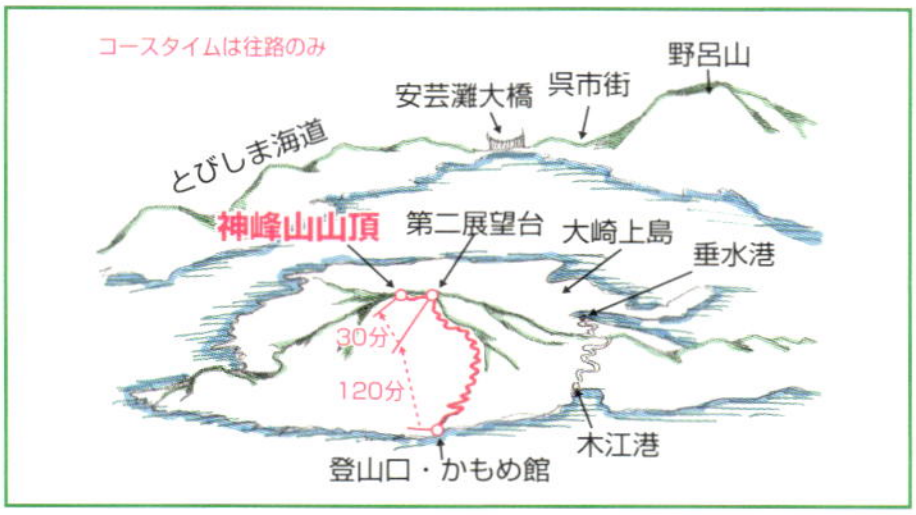

【アクセス】大崎上島へは、竹原からフェリー（山陽商船 ☎0846-22-2133）もしくは、今治からフェリー（大三島ブルーライン ☎0898-32-6713）が便利
【問い合わせ先】大崎上島町観光協会
☎0846-65-3123

最寄りの施設

ホテル清風館

登山後の温泉「きのえ温泉」のある宿泊施設。映画「東京物語」のロケーション中には、著名俳優やスタッフが宿泊していた場所。ロビーには、その当時の撮影写真などが展示されている。

宮島側船着き場

里山・里海

世界文化遺産の島

14

宮島《みやじま》・弥山《みせん》

神域とされていた修験道場の霊山を歩く

廿日市市宮島

オススメ度 ★★★★★

魅力満喫度 （歴史文化堪能度 90点）

400点満点 290点

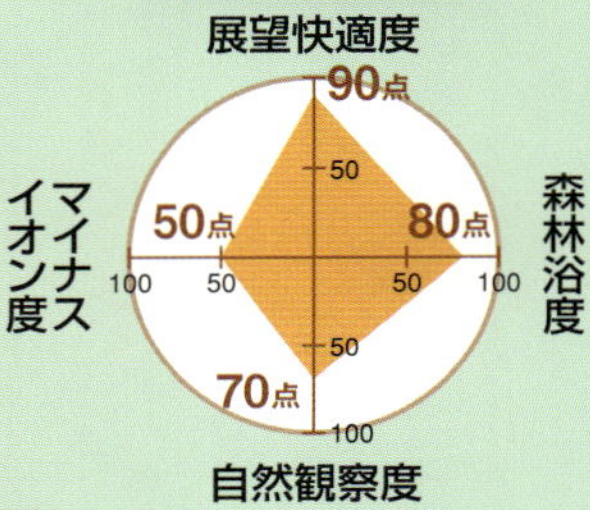

その他の魅力

宮島・路地裏探索歩き：宮島の街並みは、古くは鎌倉時代から形成されてきたといわれる。厳島神社への最古の参詣道であった「山辺の古径」や、江戸時代の町屋風情が漂う「町屋通り」、そして大聖院への坂道「滝小路」など路地裏を散策しながら歩くと、表参道の賑やかさとは一線を画した、心落ち着く宮島を満喫できる。

コースデータ

■徒歩総時間……5時間
■楽しめる期間…通年
■お勧めの季節…初日の出・12～3月
■歩行距離………7.5キロ
■標高…………535m（弥山山頂）
■累積標高差…620m

温泉データ　泉質：単純弱放射能温泉

宮浜べにまんさくの湯

☎0829-50-0808　廿日市市宮浜温泉2-2-1

コースの特徴

この山の魅力はなんといってもその歴史的背景だろう。宮島は、古代から島全体が神の島として崇拝されてきた。806年には弘法大師が弥山を開基し、真言密教の修験道場になったといわれる。山頂やルート沿いには巨岩・奇岩が連続し、山の不思議な霊力を感じる場所も点在する。頂上から見る瀬戸内海の夕暮れは、まるで極楽浄土のようである。

今回は、紅葉谷から登山を開始し、頂上、古戦場（駒ケ林）を経由し、大元公園へと下山するコースを紹介する。一年を通じてハイレベルな登山技術などは必要とされないが、山域には原生林などもあるので冬場は早めの下山を心掛けたいものである。

また、山頂直下にある、1200年間絶えることなく人々に安らぎを

（上）冬の朝、早暁の光を浴びる宮島弥山（右）
（右下）山頂直下にある霊火堂　（中下）弥山山頂　（左下）駒ケ林の途上にある仁王門

与えてきた、「消えずの霊火」にはぜひ立ち寄ってもらいたい。この火は、広島平和公園・「平和の灯」の元火のひとつである。

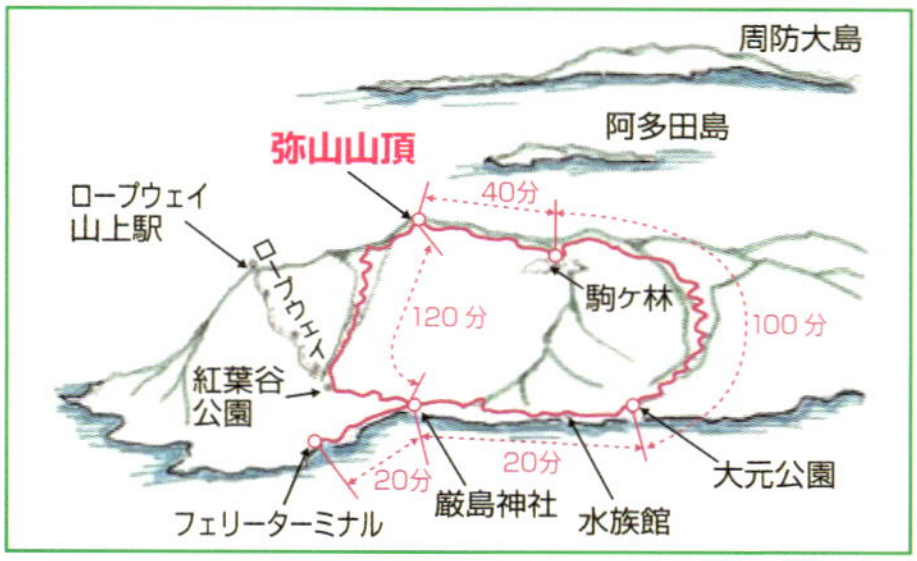

【アクセス】JR 宮島口から徒歩 5 分で宮島口桟橋へ。宮島口桟橋からフェリーで約 10 分。フェリーは約 15 分間隔で運行
【問い合わせ先】宮島観光協会　☎0829-44-2011

最寄りの施設

宮島水族館（みやじマリン）
☎0829-44-2010
営業時間：9:00 ～ 17:00（最終入館は 16:00 まで）
「いやし」と「ふれあい」を基本理念として、2011 年にリニューアルされ350種、1万 3000 点以上の展示生物数を誇る、瀬戸内海の海洋自然のテーマパーク的存在。

登山口にある標識

里山

広島市の高峰を歩く

15

東郷山《とうごうさん》の四本杉

森の巨人に出合う里山

広島市佐伯区湯来町

オススメ度 ★★★★☆

魅力満喫度

400点満点 **290点**

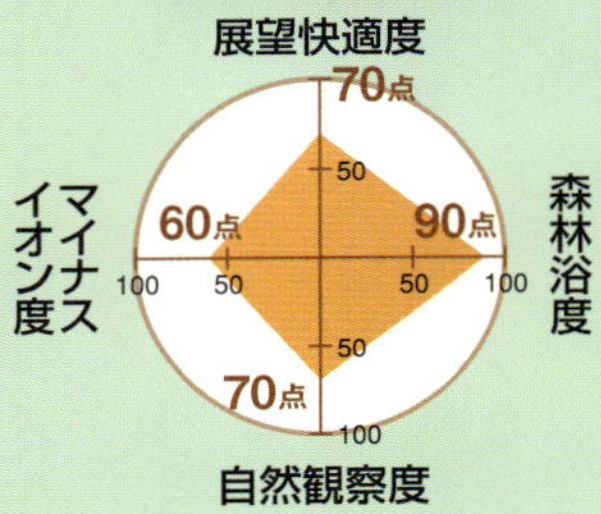

その他の魅力

石ケ谷峡：知られざる広島県の名勝地。1937年に新緑や紅葉を愛でることのできる自然探索路として、県の名勝地の指定を受けている。

コースデータ

■徒歩総時間……6時間
■楽しめる期間…4～11月
■お勧めの季節…4～6月・9～11月
■歩行距離………10キロ
■標高…………977m（東郷山山頂）
■累積標高差…948m

温泉データ　泉質：単純弱放射能泉

湯来温泉河鹿荘

☎0829-85-0311　広島市佐伯区湯来町多田2659

コースの特徴

東郷山の北斜面にある四本杉は、樹齢が３００年を超すと推定されている。樹高30m、幹回り10m弱もあり、地上4mの高さで4本に幹別れする。分岐した各幹の直径が1m以上ある杉の巨木。２０００年に林野庁が選定した全国の「森の巨人たち百選」に広島県で唯一選ばれている。

空に向かって塔頭の如く屹立する四本の樹の荘厳さは、巨樹の愛好家でなくとも多くの人の心に感動のさざ波を起こすことだろう。

大森八幡神社からは車1台が通過できる細い林道を白井の滝を経由し、林道脇の登山口標識まで移動する。小さな渓流沿いの道から歩きはじめ、第一鉄塔、第二鉄塔、第三鉄塔とやや急な斜面を上ると、東郷山頂上である。

山頂から四本杉へは、急峻な下り

（上）四本杉（2008 年撮影。現在は幹に触ることはできない）
（右下）東郷山の山頂　（中下）四本杉への分岐点標識　（左下）四本杉へは巨樹の森を行く

斜面のやや荒れた細い道を下ってゆく。この下り斜面は初心者には手ごわいので、経験者との同行を勧めたい。

最寄りの施設

ホタルの鑑賞地

湯来町の秘められた魅力のひとつにホタルの鑑賞スポットがある。安芸太田町筒賀地区へと通じる道沿いにある打尾谷川上流の打尾谷や、湯来町の中心部を流れる水内川流域などでは、毎年見どころスポットが変わるが幻想的なホタルの光を鑑賞できる場所が点在している。

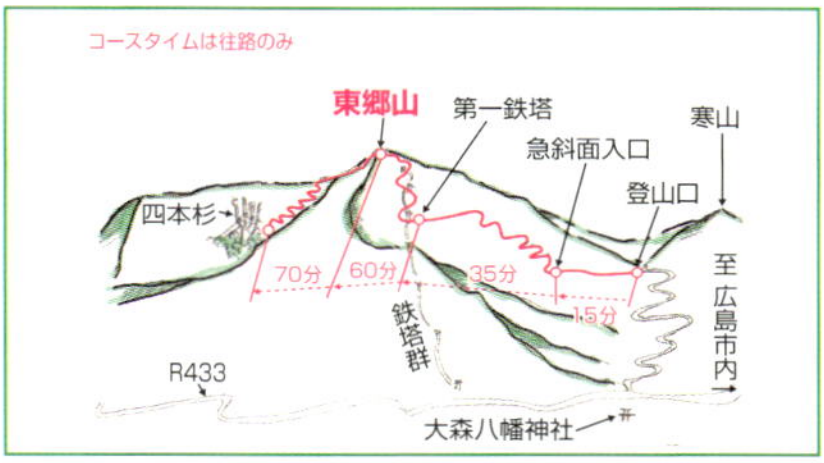

【アクセス】山陽自動車道・五日市 IC から県道 41 号経由、伏郷、大森登山口まで車で約 1 時間　※大森八幡神社付近からは道が狭くなるので、運転には注意を要する。登山口には車数台分のスペースがある
【問い合わせ先】広島市役所都市活性化局観光交流部観光課　☎ 082-504-2243

登山口付近にある標識

里地・里山

備南の秀峰

16

岳山岩海《だけやまがんかい》を歩く

巨岩・奇岩・岩海が連続する里山歩き

府中市上下町

オススメ度 ★★★★☆

魅力満喫度

400点満点 **280点**

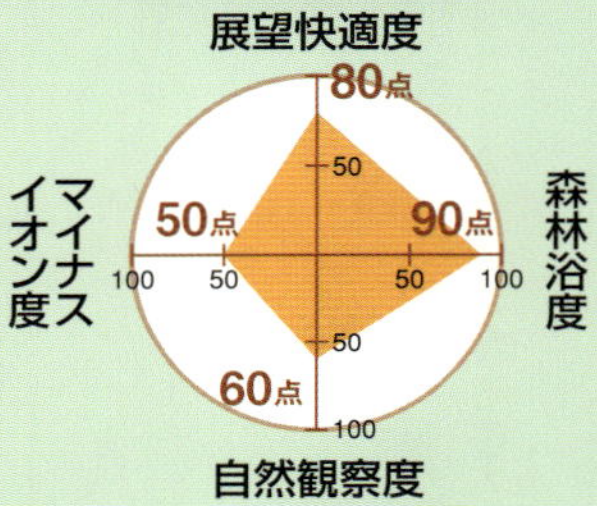

その他の魅力

上下町町並み：白壁やなまこ壁、格子窓といった歴史的景観が、江戸時代の賑わいの証となって残る町。ここは、大森（石見）銀山からの銀の集積中継地として代官所も置かれた幕府直轄の天領だった。登山口から車で20分以内。

コースデータ

- 徒歩総時間……３時間
- 楽しめる期間…通年
- お勧めの季節…新緑・紅葉の時期
- 歩行距離………3.2 キロ
- 標高…………739 m（岳山山頂）
- 累積標高差…309 m

温泉データ　泉質：放射性ラジウム泉

矢野温泉あやめ

☎ 0847-62-8060　府中市上下町矢野 691-2

コースの特徴

広島県内で、「岩海」と呼ばれる景観は、この里山の近接地域に多い。三原久井や矢野の岩海なども、この山から車で1時間前後の距離にある。

岳山は世羅台地面が形成されたときに、台地面より標高が高い残丘として残っていたものと推定され、その斜面が浸食され表層の真砂土が取り除かれた結果、地中にある核岩が集積したものと考えられている。それだけに、点在する奇岩・巨岩群からは、大地が放散するエネルギーに満ち溢れているようにも感じられる。

それらのエネルギースポット的景観には、「国引岩」「屏風岩」「妙剣」「どどろ岩」、そして「鬼蔵釜」などといった力強くも、神秘的にも感じられる名前が命名されている。登山

（上）山の至る場所に巨石、巨岩が点在する
（右下）国引岩の上部　（中下）岳山山頂　（左下）上下町の町並み

としてこの里山を歩くのももちろん魅力的だが、パワースポット巡りとしても、新たな注目を浴びる可能性のある山域である。

最寄りの施設

矢野温泉公園四季の里

☎0847-62-4990

5～6月にかけては、花菖蒲やアヤメ、ジャーマンアイリスなど500種類以上の花々が咲き誇るあやめ園がある。また、木工体験教室や手打ちそば打ち体験プログラム、オートキャンプ場もあるので、家族連れでも十分満喫できる。

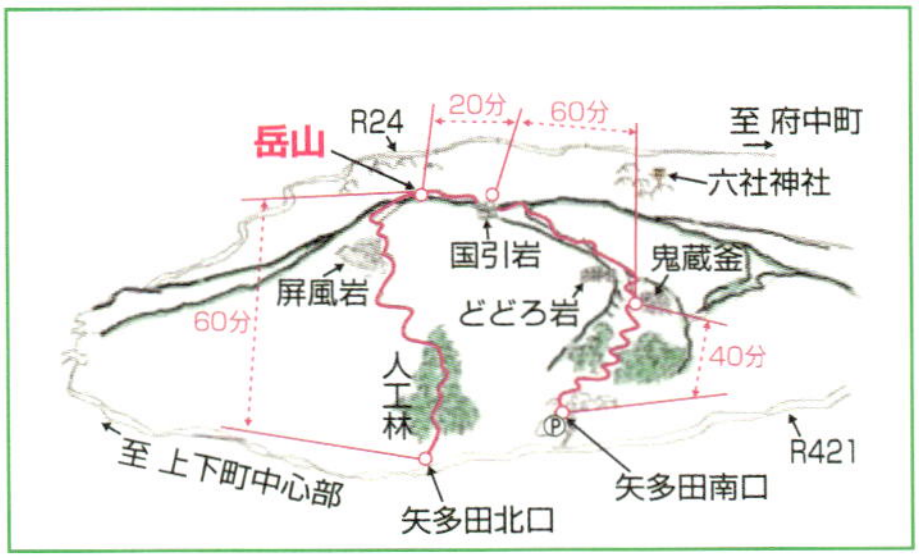

【アクセス】尾道自動車道・世羅ICから国道432号、県道421号経由、登山口・矢多田（南）まで車で1時間以内の距離

【問い合わせ先】府中市観光協会　☎0847-43-7135

昼間の尾道水道

里地

地上の極楽浄土

17

浄《じょう》土《ど》寺《じ》山《やま》展望台

尾道水道に沈む夕陽に時を忘れる

尾道市

オススメ度 ★★★★☆

魅力満喫度 〔歴史文化堪能度 90点〕

400点満点 290点

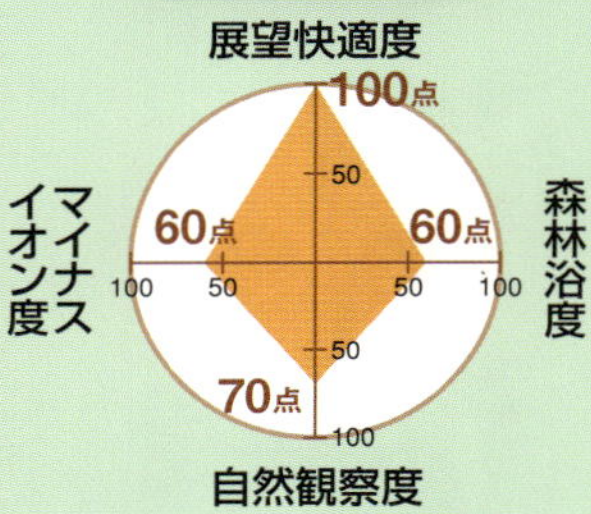

その他の魅力

時間のある人には、尾道三山の徒歩コースを勧めたい。JR尾道駅から歩きはじめ千光寺山、そして西国寺山と巡り、浄土寺山へと歩くコースである。平均総時間は約5時間前後。もちろん、夕暮れ時に浄土寺背後にある展望台には着いておきたい。

コースデータ

- ■徒歩総時間……1時間
- ■楽しめる期間…通年
- ■お勧めの季節…空気が澄む冬季
- ■歩行距離………2キロ
- ■標高…………178 m
- ■累積標高差…178 m

温泉データ

泉質：放射能泉

尾道養老温泉

☎0848-48-1411　尾道市美ノ郷町三成 2502-1

コースの特徴

一度でも、この展望台から尾道水道に沈みゆく夕陽を見ると、一生の記憶に必ず残るだろう。まさに、浄土山の山頂から見る「極楽浄土世界」。

眼下には、映画の街として知られる尾道市街地がほの赤く染まりはじめ、右手に尾道三山（浄土寺山もその1つ）の残り二山である、西国寺山・千光寺山に西日の斜光がやさしく降り注ぐ。尾道市街地の対岸にある向島とを結ぶ連絡船が、夕暮れの尾道水道に波紋を広げていく。

展望台への上り道は、「観音のこみち」と呼ばれ、上り口は、浄土寺多宝塔裏手の林の中から始まる。樹林帯の中の上り道は、時折石の階段状にもなり、短いながらも変化に富む。

約30分もすれば、前方に展望台の建物が見える。季節によっては、日暮れが早い時間帯ともなるので、復

（上）展望台から見る尾道水道の夕焼け　（右下）浄土寺境内にある多宝塔
（中下）展望台は奥の院の上部にある　（左下）三重塔の背後に見えるのが浄土寺山

路の下り道は足元に気を付けたい。徒歩でのアプローチが心配な方は、展望台裏手近くまで車でアプローチができる。

【アクセス】 JR 山陽本線・尾道駅から浄土寺まで徒歩約 30 分。展望台裏手の駐車場（5 台前後）まで尾道市内から車で約 30 分
【問い合わせ先】 尾道市観光課　☎ 0848-38-9184

最寄りの施設

浄土寺
☎ 0848-37-2361
616 年に聖徳太子の創建と伝わる真言宗の寺院。「本堂」や「多宝塔」は国宝であり、「山門」「阿弥陀堂」は重要文化財に指定されている名刹。

里地

安芸の小京都

18

竹原《たけはら》の町並み散策

ゆかしい歴史の息づかいを感じる

竹原市

町並み保存地区中心部

オススメ度 ★★★★☆

魅力満喫度 〔歴史文化堪能度 100点〕

400点満点 190点

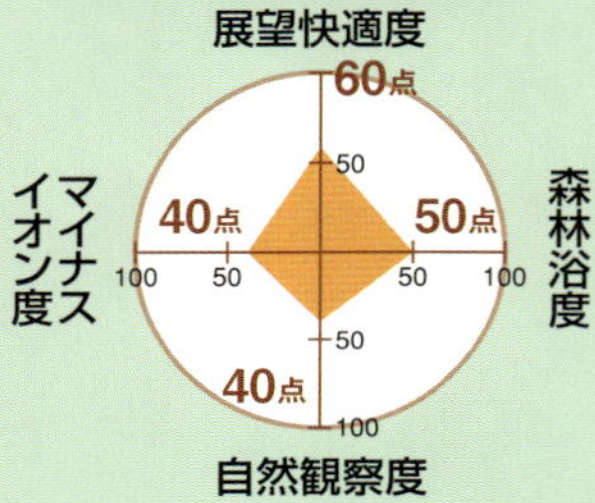

その他の魅力

歴史民俗資料館：1972年までの42年間は、町立図書館として使われていたレトロ調の外観もさることながら、市民有志から寄贈された民具類をはじめ製塩業の貴重な資料なども展示されている。☎0846-22-5186

コースデータ

- 徒歩総時間……2時間
- 楽しめる期間…通年
- お勧めの季節…一年を通して
- 歩行距離………1.5キロ
- 標高…………5～10m
- 累積標高差…ほとんどなし

温泉データ　泉質：単純弱放射能冷鉱泉

かんぽの宿竹原

☎0846-29-0141　竹原市西野町442-2

コースの特徴

江戸時代に製塩・酒造業などで栄えたこの町は、最近ではNHK朝ドラの「マッサン」の舞台としても脚光を浴びた。瀬戸内海に面し、海上航路の拠点でもあり、「文化の交差点」として賑わいをみせた名残が、歴史的景観を残す「町並み保存地区」を歩いていると、その往時の面影とともに点在している。

特に、「竹原格子」と呼ばれる塗り篭め格子を用いた町屋が立ち並ぶ石畳の路地を歩いていると、江戸時代にタイムスリップしたかのような錯覚に陥ることもあるだろう。

NHK朝ドラ・マッサンの「亀山酒造」のモデルであり、主人公であるニッカウヰスキー創業者・竹鶴政孝の生家でもある「竹鶴酒造」が現在も営業をしている。

魅力多い町だが、見逃してはなら

（上）普明閣裏手より竹原の町を俯瞰
（右下）道の駅から町並み保存地区へ　（中下）西方寺山門から町並みを見る　（左下）「和の情緒」が漂う町

ないのは、「旧笠井邸」「竹鶴酒造」「松阪邸」「普明閣・西方寺」「歴史民俗資料館」「頼惟清旧宅」「胡堂」などである。

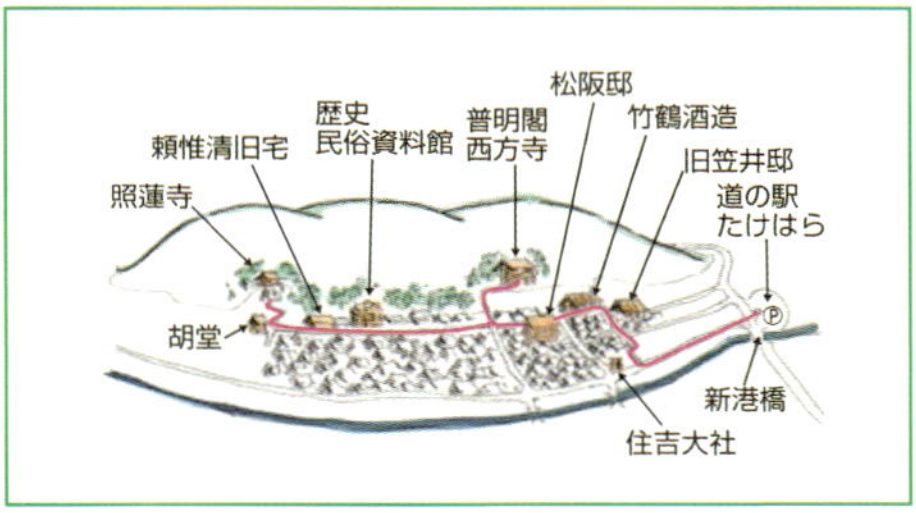

【アクセス】JR 竹原駅から徒歩約 15 分で町並み保存地区。界隈には有料駐車場もある
【問い合わせ先】道の駅たけはら観光情報コーナー
☎ 0846-22-7730
歴史民俗資料館　☎ 0846-22-5186

最寄りの施設

道の駅 たけはら
☎ 0846-22-7730
地産地消にこだわった、旬の野菜や果物が魅力。館内には、道路情報・竹原のみならず近隣の観光情報コーナーや地域交流スペースなども設けられている。町並み保存地区にも隣接しているので便利。24 時間使用可能トイレあり。

清流の流れを聞きながらの休息

里地・里山

水源の森百選

19 源流の森・安芸《あき》冠《かんむり》山《やま》山麓

太田川の源流ルーツを巡る

廿日市市吉和

オススメ度 ★★★★★

魅力満喫度

400点満点 **360点**

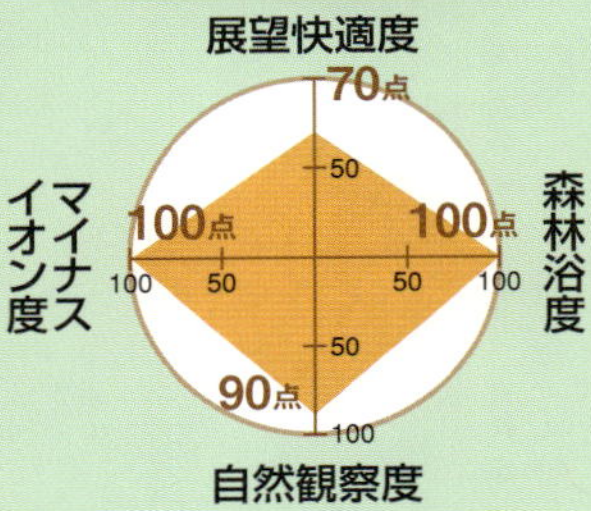

その他の魅力

このルート途上は、広島で国体が実施された際に整備されたので、初心者でも歩きやすい道となっている。ただ、沢沿いの道では何個所か滑りやすくなっているので注意が必要。

コースデータ

- ■徒歩総時間……5時間（山頂往復）
- ■楽しめる期間…4～11月
- ■お勧めの季節…新緑と紅葉の時期
- ■歩行距離………7キロ（山頂往復）
- ■標高…………1339m（安芸冠山）
- ■累積標高差…上り 約650m（復路同じコース）

温泉データ　泉質：単純放射能泉

潮原温泉松かわ

☎0829-77-2224　廿日市市吉和391-3

コースの特徴

広島県第2位の高峰だが、その高さ以上に注目したいポイントがこの山にはある。それは、広島市内を流れる一級河川である太田川の源流となる豊かな森を育んでいることである。

登山が趣味な人は、山頂を目指すのもよし。しかし、単純な登山のみに費やすには、この里山はあまりにももったいない。太田川の源流となる清流沿いには、心地いい小径がありマイナスイオンを全身に浴びながら、心身ともに浄化されていく気分を味わえる。

さらに、足を伸ばすと、豊かな森の木々が「待っていたよ」と言わんばかりに両手を広げて出迎えてくれる。山頂は意外にも展望が効かないこともあり、源流の水音に耳を澄ましてみたり、水辺の草花たちとの無

（上）秋の山道は落ち葉のカーペットのよう
（右下）登りはじめは人工林の道　（中下）源流の森を歩く　（左下）クルソン岩

言の会話を楽しんでみたり、そんな粋な時間をクリエイトしてほしい。
体力や経験に併せてどこまで歩くかを決めればいい。

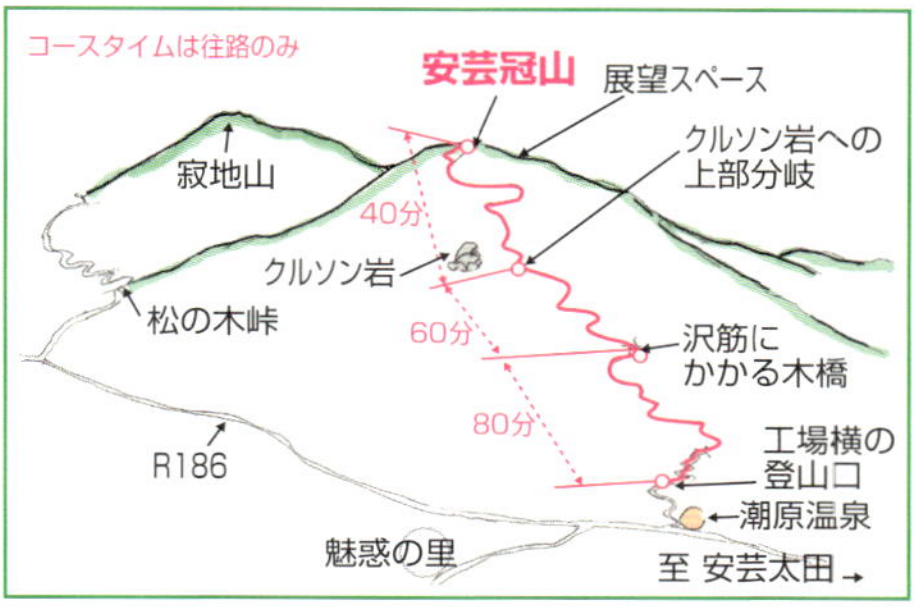

【アクセス】中国自動車道・吉和 IC から車で約 10 分
【問い合わせ先】はつかいち観光協会吉和支部
☎ 0829-77-2404

最寄りの施設

ウッドワン美術館
☎ 0829-40-3001
開館時間：10:00 ～ 17:00
（入館は閉館 30 分前まで）
休館日：月曜
※冬期期間中は休館
近代日本の絵画やマイセン磁器などの展示、そして岸田劉生の「毛糸肩掛せる麗子肖像」などで注目される美術館。

里地・里海

北長門海岸国定公園

20 角島《つのしま》・俵島《たわらじま》

油谷湾の湾口にある小さな島巡り

下関市・長門市

俵島。うっすらと角島大橋が見える

オススメ度 ★★★★☆

魅力満喫度

400点満点 **270点**

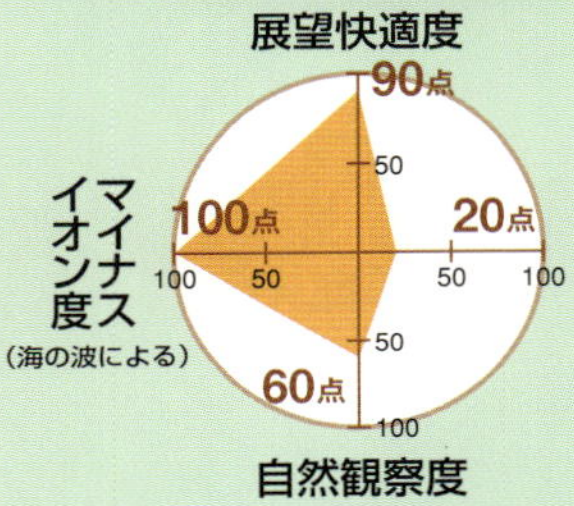

その他の魅力

油谷湾沿いには、東後畑の棚田（日本の棚田百選）がある。油谷湾の北側にある妙見山山麓（日本海沿い）にあり、棚田と日本海、そして夕暮れ時からの「漁火」が織りなす珠玉の風景は一見の価値。（推薦時期は田植え前）

コースデータ

- 徒歩総時間……0.5 時間
- 標高…………15 m
- 楽しめる期間…通年
- 累積標高差…ほとんど無し
- お勧めの季節…10 ～ 11 月ダルマギク開花時
- 歩行距離………1 キロ

温泉データ

泉質：アルカリ性単純温泉

油谷湾温泉ホテル 楊貴館

☎0837-32-1234　長門市油谷伊上 130

コースの特徴

この２つの小さな島は、長門市にある美しい入江を多く持つ油谷湾の湾口にある。テレビのコマーシャルなどでお馴染みの角島大橋は全長１７８０ｍ。離島に架かる無料の橋としては沖縄県・古宇利大橋（１９６０ｍ）に次いで日本で２番目に長い橋。

島の西側にある角島灯台の陰に隠れているが、東側の牧崎風の公園へと車でアプローチしてみよう。ここは、10月下旬から11月にかけてダルマギクの花が満開となる場所であり、岬の先方向への遊歩道などが付けられている。遊歩道は公園そばの牧場まで延びている。

この牧崎地区は、奈良時代から朝廷に納める牛の育成場所でもあった。春先にはおだやかな牧草地の青い匂いをかぎながら、夏は潮風に吹

（上）角島へ渡る大橋
（右下）角島灯台から牧崎風の公園を見る　（中下）牧崎地区の海岸　（左下）角島では四季折々の花が咲く

かれながら、そして秋には花の群生を愛でながらと、四季折々の変化を楽しみながら優雅な海岸散策ができる。

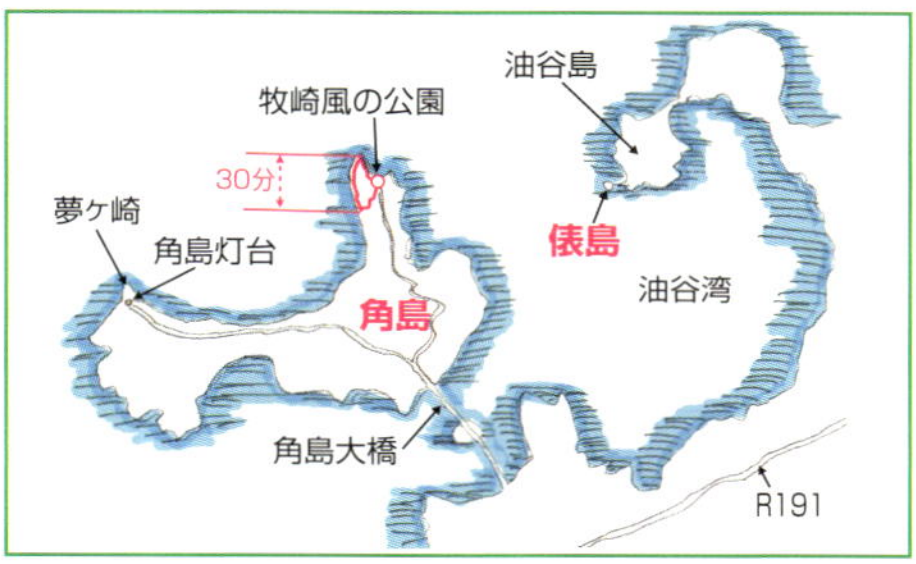

【アクセス】 中国自動車道・美祢 IC から国道 435 号、県道 275 号経由、角島大橋まで車で約 1 時間
【問い合わせ先】 豊北町観光協会観光案内所
☎ 083-786-0234

最寄りの施設

しおかぜの里角島
☎ 083-786-0700
営業時間：9:00 ～ 18:00
角島のほぼ中心部にあり、駐車場やトイレ、レストランを備えた総合施設。響灘や日本海で採れた新鮮なワカメ、イカ、アワビ、サザエなど特産品の販売コーナーや情報コーナーも充実。

一升谷入り口

里地

歴史の道百選

21

萩《はぎ》往《おう》還《かん》

幕末の志士たちが駆け抜けた道

萩市

オススメ度 ★★★★★

魅力満喫度 （歴史文化堪能度 100点）

400点満点 290点

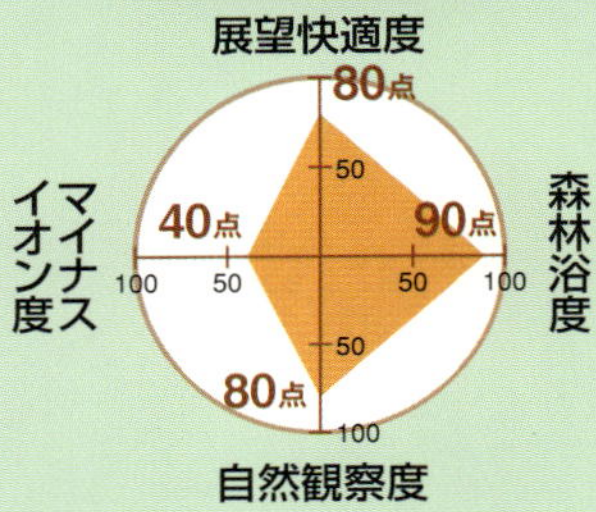

その他の魅力

「語り部と往く萩往還ワンコイン（500円）ツアー」というプランがある。週末を中心に、地元のガイドさんと萩往還の各所を歩くプログラムである。詳しくは、やまぐち萩往還語り部の会事務局

☎ 083-920-3323

コースデータ

■徒歩総時間……5時間
■楽しめる期間…通年
■お勧めの季節…桜の4月・紅葉の11月
■歩行距離………10.5キロ
■標高…………212m
■累積標高差…約200m

温泉データ　泉質：単純アルカリ性温泉

湯田温泉 西の雅常盤

☎ 083-922-0091　山口市湯田温泉 4-6-4

コースの特徴

萩往還は、江戸時代に毛利氏が参勤交代の「御成道《おなりみち》」として、日本海側の萩城下と瀬戸内海側の三田尻港（防府市）を53キロのほぼ直線で結んだ街道だった。庶民にとっては、山陰と山陽を結ぶ主要な幹線道でもあった。

今回紹介する区間は、幕末にこの道を駆け抜けていった維新の志士たちの面影が感じられるルートのひとつである。スタート地点は、明木市の乳母の茶屋。落ち着いた町並みを抜けて左折し、地下道を抜けていくと道は沢沿いの樹林の道となる。しばらくすると、街道のハイライトのひとつである一升谷、石畳が現れる。五文蔵峠を通過し、一汗かく頃には中の峠へと出、国道を横断ししばらく道路沿いを歩く。

標識に従い左の川沿いの道へと下

（上）木漏れ日を浴びながら
（右下）峠付近　（中下）田園風景の道　（左下）四季折々の変化がある道。５月

り、小さな落合の石橋を渡る。そこから千持峠を越えて佐々並地区まで下って行く。

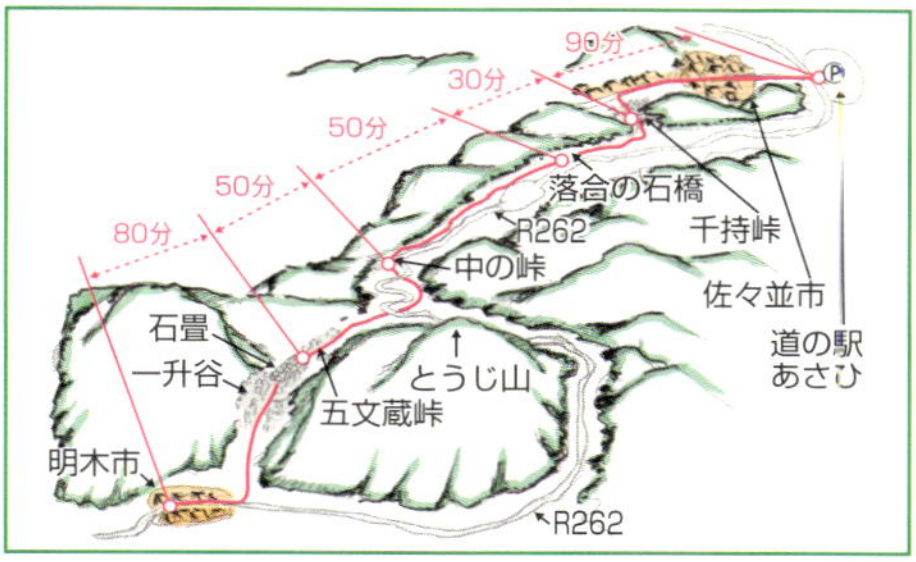

【アクセス】 小郡萩道路・絵堂 IC から国道 490 号、県道 32 号経由、明木まで車で約 15 分
【問い合わせ先】 萩市観光協会
☎ 0838-25-1750

最寄りの施設

道の駅 萩往還
☎ 0838-22-9889
営業時間：9:00 ～ 17:00
萩の特産品や野菜などの販売コーナーもあるが、全国の道の駅でここだけのものが、「松陰記念館」であろう。吉田松陰に関する資料や松下村塾のミニ模型などもある（入場無料）。萩市内へ入る手前にあるので、萩観光の前後の立ち寄りにいい。

周防大島・文珠山から見る琴石山（中央の山）

里山・里海

柳井八景のひとつ

22

琴《こと》石《いし》山《やま》

周防大島と室津半島を一望する

柳井市

オススメ度 ★★★★☆

魅力満喫度

400点満点 **280点**

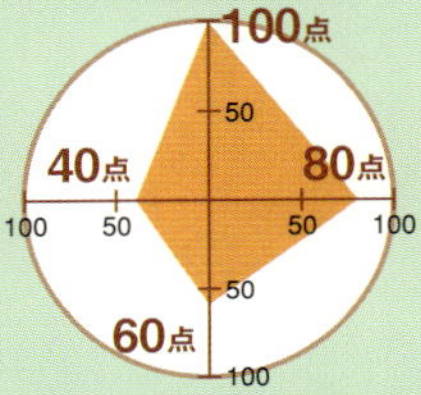

その他の魅力

三ケ嶽縦走コース：琴石山の頂上から西方向へ尾根筋の道を歩けば、いったん峠道を経由して三ケ嶽山への縦走ルートも可能である。尾根筋道からは雄大な瀬戸内海の展望を満喫できる。

コースデータ

■徒歩総時間……3時間
■楽しめる期間…通年
■お勧めの季節…新緑5月・秋から冬
■歩行距離………5キロ前後
■標高…………546 m
■累積標高差…約 540 m

温泉データ　泉質：塩化物冷鉱泉

柳井温泉（銭湯）

☎0820-22-1995　柳井市姫田 14-33

コースの特徴

瀬戸内海の里海景観を一望できる里山。江戸時代から続く白壁の町並みが美しい柳井市の東側に位置している。柳井八景にも選ばれているこの山は、「遠くから眺めてよし、さらに登って遠くを眺めてよし」と富士山的な楽しみ方ができる貴重な里山ではないだろうか。

「遠くから眺めてよし」の推奨場所は、大畠瀬戸を挟んだ周防大島の文殊山山頂である。ここから眺めると、柔らかい稜線を裾野に広げる女性的な山容の美しさが際立っている。柳井市沖に浮かぶ笠佐島とともに柳井の守り神的存在にも見えてくる。

柳井港駅から道路沿いを東に進むと、踏切の場所に登山口への標識がある。踏切を渡りのどかな瀬戸内海沿岸の集落を道なりに歩いて行く

（上）頂上から周防大島を眺望
（右下）室津半島も一望できる　（中下）山頂に到達　（左下）茶臼山古墳

と、竹林手前を左に入る登山口標識が出てくる。そこからは、急な上りもあるが標識もあるので、迷うことはない。

最寄りの施設

茶臼山古墳

標高 75m の向山という小さな丘にある４世紀頃の前方後円墳。周囲は公園地化され、隣接する建物内で古墳の説明展示を見ることができる。古墳の上には、人物や家形の埴輪列が再現配置されており、遠目に見るとなかなかの圧巻景観。

【アクセス】 JR 山陽本線柳井港駅までは、JR 柳井駅から３分、JR 広島駅から１時間 20 分
【問い合わせ先】 柳井市観光協会　☎ 0820-23-3655

室津半島の海辺

里地・里海

汐待ち・風待ちの港町

23 上関《かみのせき》・上盛山《かみさかりやま》展望台

灯台型の展望台から望む周防灘の絶景

熊毛郡上関町

オススメ度 ★★★★☆

魅力満喫度 〔歴史文化堪能度 90点〕

400点満点 240点

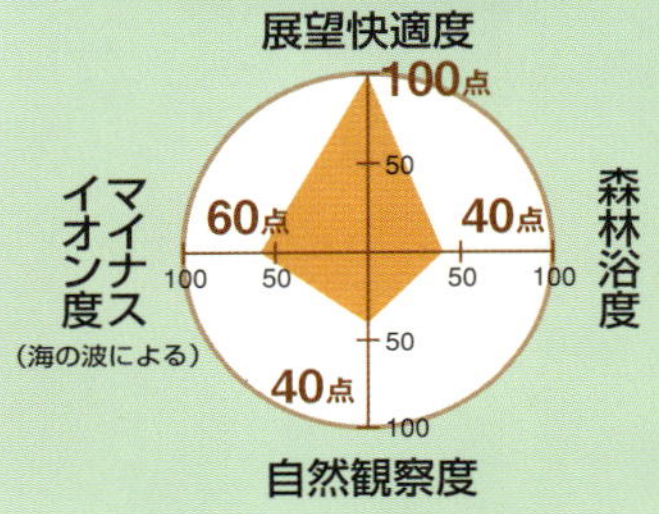

その他の魅力

「鳩子の海」：広島への原爆投下のショックで記憶を失い、瀬戸内海の港町で育てられた少女の人生軌跡を描いた1974年春から1年間放送されたNHK連続テレビ小説の第14作。その港町が、ここ上関町のことである。

コースデータ

- 徒歩総時間……２時間
- 楽しめる期間…通年
- お勧めの季節…桜の４月・冬の夕暮れ時
- 歩行距離………７キロ
- 標高…………314 m（上盛山）
- 累積標高差…250 m

温泉データ　泉質：塩化物冷鉱泉

上関海峡温泉

☎0820-62-1126　熊毛郡上関町大字室津 924

コースの特徴

最近は原子力発電所建設計画での知名度が高くなっている上関は、かつては瀬戸内海海上交通の要衝の地でもあった。江戸時代にこのあたりの沿岸域には船の荷を検査する番所が設置されており、都に近いほうから「上関」「中関」「下関」という地名が付けられていた。入り組んだ海岸線は風雨などを避けるのに有利だったのだろう。

展望台からの眺望は３６０度の絶景。まず東側に山口百名山にも選ばれている皇座山がその麗しい山容を見せてくれる。眼下には小さな入り江に寄り添うように並ぶ上関の家並み。

さらに目をぐるりと回転させれば、美しい海岸線を持つ室津半島をはじめ、周防灘に浮かぶ島々、四国や九州の山並みまでもが一望でき

（上）上関を眼下にし、遥か遠方に四国山脈を望む
（右下）のどかな入江（室津半島東岸）（中下）上盛山の地道分岐　（左下）展望台から光市の方向を望む

る。歩いて登るには、城山歴史公園から県道23号を上関中学校方面へと歩きはじめる。途中の分岐標識から地道と舗装道路で頂上へ。

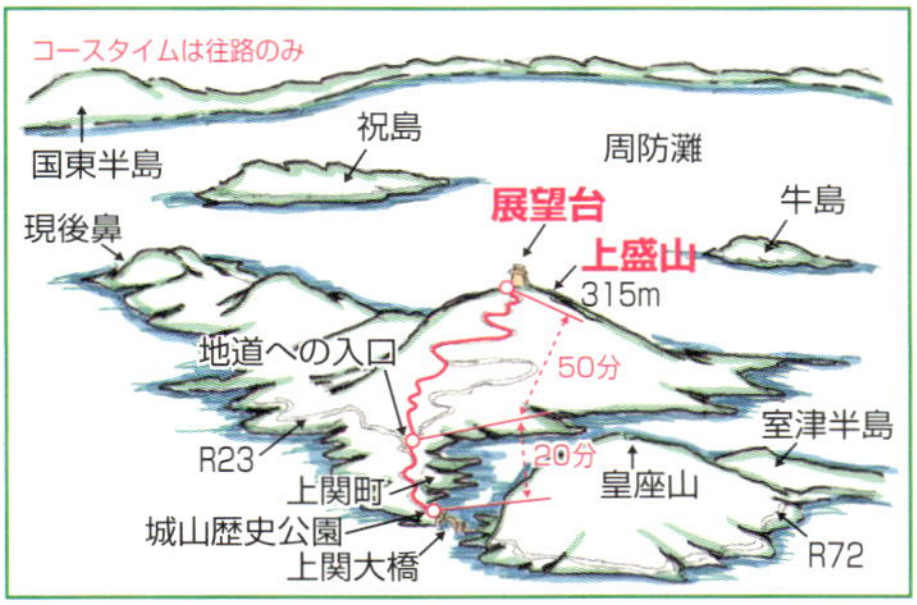

【アクセス】山陽自動車道・徳山東 IC から国道 188 号、県道 23 号経由、上盛山展望台まで車で約 1 時間 10 分
【問い合わせ先】上関観光協会　☎ 080-2898-2014

最寄りの施設

道の駅 上関海峡
☎ 0820-62-1155
営業時間：9:00 ～ 19:00
室津港の湾内に造られた（2014 年 11 月）白亜の壁が特徴的な道の駅。港に隣接する立地条件を生かした、新鮮な魚介類や生花などの販売コーナーが充実している。

里山

防府市最高峰

24 右《みぎ》田《た》ケ《が》岳《だけ》

岩峰群が連続するアルプス的景観

防府市

心和む言葉が書かれている

オススメ度 ★★★★☆

魅力満喫度

400点満点 **280点**

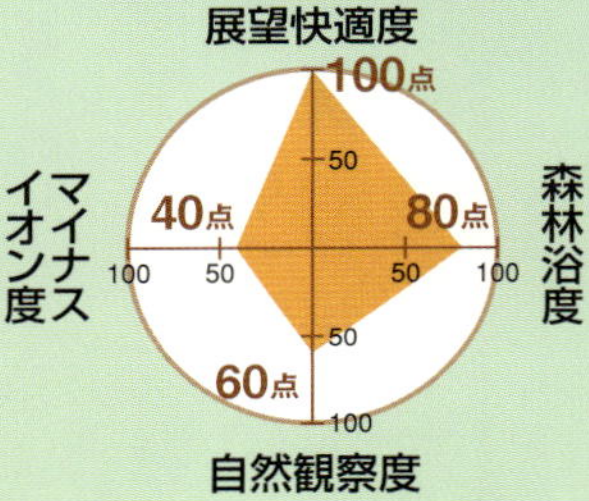

その他の魅力

塔之岡コース（下山時の登山道）には、地元の方による設置なのか、心和む言葉が味わいのある書体で書かれているコメント板が点在している場所がある。例えば「あとちょいで、ひと休み。さあ　おいしい空気の食べ放題」など。

コースデータ

- 徒歩総時間……４時間
- 標高…………426 m
- 楽しめる期間…通年
- 累積標高差…約 400 m
- お勧めの季節…２月の梅まつり（防府天満宮）
- 歩行距離………4.8 キロ

温泉データ　泉質：塩化物冷鉱泉

江泊温泉・和の湯

☎ 0835-23-4126　防府市江泊 1942

コースの特徴

瀬戸内海沿岸部にあり標高４００m台の低山にもかかわらず、これだけのアルプス的景観の中を登山できる里山はほかには見つからないだろう。

この圧巻のアルプス的景観は、幕末から明治にかけて疾風怒濤の如く時代を駆け巡った、長州藩の志士たちの目にも焼き付いていた山であった。国道２６２号が通っている右田ケ岳の西の谷筋沿いは、萩と三田尻港を結ぶ「萩往還」のルートでもあった。志士たちは萩往還を通過するたびにこの山の姿を目にしていたはずである。

登山ルートはいくつもあるが通称「天徳寺コース」から登り、「塔之岡コース」で下山するのがお勧め。登山口である天徳寺からはすぐに岩尾根歩きとなる。前衛峰の岩峰を乗越

（上）アルプス級の景観が展開する
（右下）登山口である天徳寺　（中下）山頂到達！　（左下）下山道・塔之岡コースを歩く

しても、まだまだ岩尾根が連続する。山頂からは数か所ロープもある尾根筋の道を下山する。

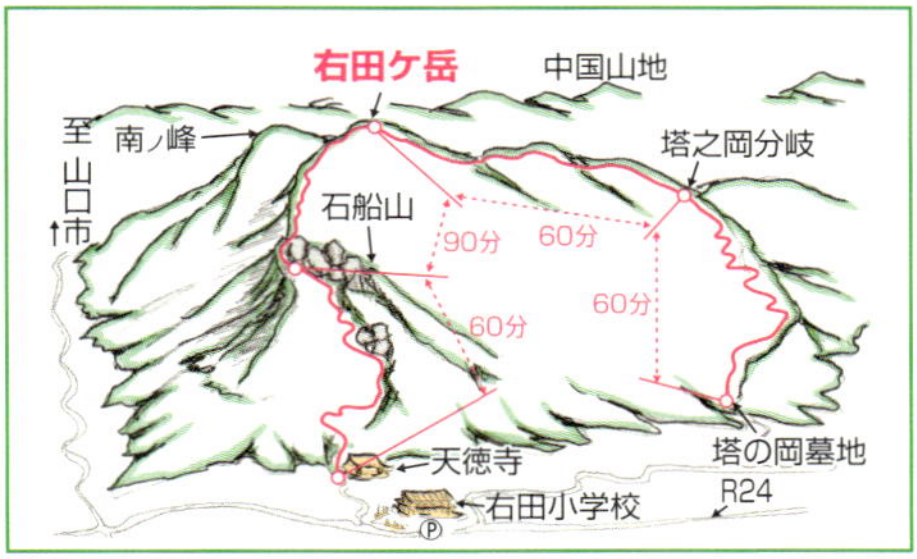

【アクセス】山陽自動車道・防府東 IC から国道 262 号経由、右田小学校南隣・登山者用駐車場まで車で約 10 分
【問い合わせ先】防府市観光協会　☎ 0835-25-2148

最寄りの施設

防府天満宮
☎ 0835-23-7700
学問の神様である菅原道真公をお祀りする、北野天満宮（京都市）、太宰府天満宮（太宰府市）とともに日本三天神。日本で最初の天満宮として創建されたといわれる。２月には境内に梅が咲き誇る。

里山

希少な山名の里山

25

法《ほっ》華《け》山《さん》

岩国市

山のグラデーションが描く浄土世界

タイムカプセルの森への標識

オススメ度 ★★★★☆

魅力満喫度

400点満点 **250点**

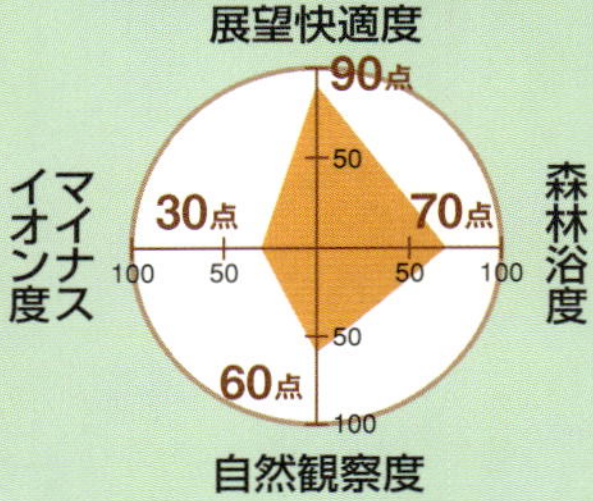

その他の魅力

羅漢山コース：遠望すれば、その山容が羅漢仏にも似ていることから山名が付けられた「羅漢山・標高1109m」がある。登山口は、法華山と同じらかん高原オートキャンプ場なので、２つの峰を１日で登ることも可能。

コースデータ

- ■徒歩総時間……1.5 時間
- ■標高…………926 m
- ■楽しめる期間…4 ～ 11 月
- ■累積標高差…約 190 m
- ■お勧めの季節…ススキが揺れる 9 ～ 10 月
- ■歩行距離………３キロ前後

温泉データ

泉質：炭酸水素塩冷鉱泉

深谷峡温泉 清流の郷

☎0827-74-5100　岩国市錦町宇佐郷 1075

コースの特徴

国土地理院発行の2・5万分図記載の山名を調査報告した『日本山名総覧・武内正著・白山書房1999年発行』によると、全国で「羅漢山」という山は3山あるらしい。しかし同書によると、「法華山」という名前の山は唯一この山だけのようだ。寺院の山号としての法華山はいくつか見受けられるが、地図明記の山名としては全国でも希少なものであろう。

仏教に関係する山名をより奥深いものとするのが、山頂からの景観である。東側には羅漢山がその優雅な裾野を広げている。そして南側の山岳景観には誰もが言葉を失うことだろう。

岩国市に流れる錦川や小瀬川沿いに連なる500～600m級の里山群が描く、見事な山影のグラデーショ

（上）法華山山頂からの夕暮れ時
（右下）らかん高原から登山開始　（中下）らかん高原と羅漢山を見ながら下山　（左下）羅漢山山頂

ン世界。水墨画のように濃淡のある山の稜線が、瀬戸内海へと続く雲間に織り込まれていくのである。まさに現世の浄土世界が出現するのだ。

【アクセス】中国自動車道・六日市 IC から県道 16 号経由、車で約 40 分
【問い合わせ先】らかん高原オートキャンプ場
☎ 0827-74-0010

最寄りの施設

らかん高原オートキャンプ場
☎ 0827-74-0010
※ 20 時以降、翌日 8 時まで車の出入りはできない
法華山や羅漢山の登山拠点ともなる場所。家族連れで来ても、シャワー室や洗濯室などもあるので安心してオートキャンプライフを満喫できる。

里地・里山

日本百名城

26 岩国城《いわくにじょう》・護館神《ごかんじん》

錦帯橋を見おろす高台にある名城

岩国市

天守閣

オススメ度 ★★★★☆

魅力満喫度 （歴史文化堪能度 70点）

400点満点 260点

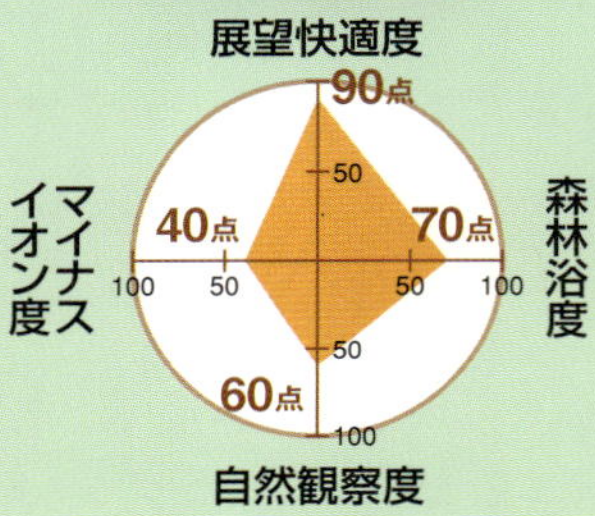

その他の魅力

岩国城を下から見上げる絶好の撮影ポイントがある。それは、錦帯橋の橋桁の下からである。半円形の橋脚が連続するその上部に城がぽっかりと姿を現すアングルである。

コースデータ

■徒歩総時間……２時間　■標高…………212ｍ
■楽しめる期間…通年　■累積標高差…約 200ｍ
■お勧めの季節…桜の４月・紅葉の 11 月
■歩行距離………4.9 キロ

温泉データ　泉質：単純弱放射能泉

錦帯橋温泉

☎0827-43-1111　岩国市岩国 1-1-7

コースの特徴

日本百名城リストの中で、山口県で選出されているのは萩城と岩国城の2か所である。歴史の重みだけでなく、その優雅な佇まいが多くの人々から賞賛を浴びているのであろう。登城前に錦川の河川敷から錦帯橋越しに見上げると、青い空の中に白い城壁が浮かび上がっている。

さらに、登城後に城内から岩国の町を見おろせば、蛇行しながら瀬戸内海に注いでいく錦川の川面がキラキラと輝いている。城の美しさもさることながら、周囲の自然や町並み、遠望できる景色とのコラボレーションの多彩さがこの城の魅力ではないだろうか。

登城の徒歩ルートはいくつかあるが、ここでは吉香公園の奥にある岩国美術館と白山《しらやま》比咩《ひめ》神社《じんじゃ》の間からの道を紹介する。歩きはじめから樹林

（上）錦帯橋越しに見る岩国城　（右下）登山道から城内との出合部分
（中下）城壁沿いに天守閣エリアへ　（左下）城内から岩国市街地を見おろす

帯の中であるが、最初の分岐で左に回り込むと整備された道の上り坂となっていく。歩いて30分程で城内の「城山登山道」に合流し、天守閣へ。

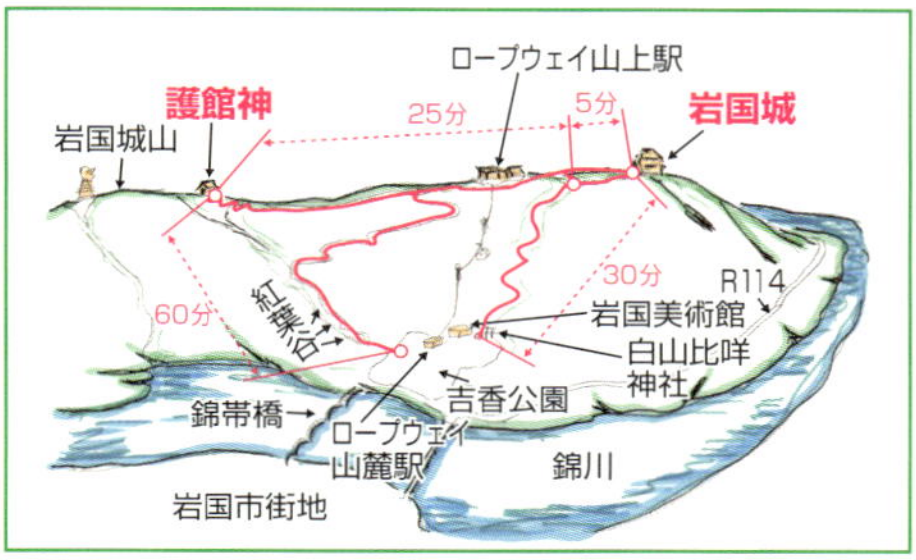

【アクセス】山陽自動車道・岩国ICから国道2号経由、吉香公園まで車で約10分
【問い合わせ先】岩国市観光協会
☎0827-41-2037

最寄りの施設

吉香公園

岩国市役所・吉香公園班・施設管理班　☎0827-41-1780
登山口でもあるこの公園は、吉川家の氏神社である吉香神社が移設されたのを契機に明治時代に整備された公園。公園内には、吉川家の史料館をはじめ国木田独歩記念碑、武家屋敷（旧目加田家）、花菖蒲園などがある。

里山・里海

中国百名山

27 竜《りゅう》王《おう》山《ざん》

響灘など北九州の里海を一望

下関市

頂上は 360 度の展望

オススメ度 ★★★★☆

魅力満喫度

400点満点 **260点**

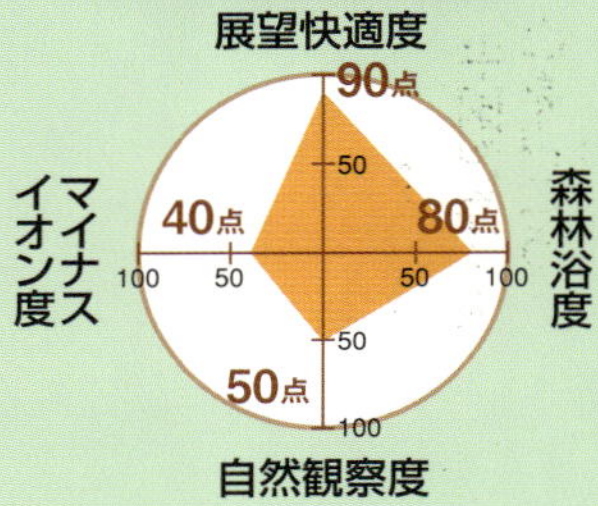

その他の魅力

深坂自然の森：今回紹介しているコースの登山口付近にある。森の中にはキャンプ場や自然観察歩道、多目的芝生公園など家族連れや宿泊を伴うプログラムにも最適の施設を備える。「森の家・下関」では、研修会や講演会などさまざまなイベントを行う場として広く利用可能。問い合わせ☎083-259-8555

コースデータ

- 徒歩総時間……４時間
- 標高…………614 m
- 楽しめる期間…通年
- 累積標高差…約 513 m
- お勧めの季節…秋から冬の夕暮れ時・響灘の夕焼け
- 歩行距離………６キロ前後

温泉データ

泉質：含弱放射能泉

下関マリンパーク

☎083-245-1589　下関市長府外浦町 2-1

コースの特徴

「竜王山」もしくは「龍王山」という名前の山（地図上に記載されているものに限る）は、日本全国では60弱ほどあるといわれている。そのほとんどが、水の神様である「龍神（竜神）」を祀る場所として古来から信仰の対象とされてきた。

山口県下では山陽小野田市にもう1つの竜王山がある。響灘を航行する船の海上安全や大漁などを祈願するため、この山の西山麓にある竜王神社に海の神様が奉られてある。江戸時代に日本海から瀬戸内海へと入ってくる北前船にとっては、海路の安全祈願だけでなく、関門海峡入域直前のランドマーク的存在であったのであろう。

登山ルートは東西南北のいずれの方向からでも道があるが、ここでは深坂《みさか》峠からのルートを紹介する。峠

（上）頂上からの響灘
（右下）整備された森の道が続く　（中下）ルートの各所には標識がある　（左下）頂上手前

【アクセス】中国自動車道・下関 IC から県道 247 号経由、登山口まで車で約 20 分
【問い合わせ先】下関市観光交流部観光政策課
☎ 083-231-1350

最寄りの施設

火の山公園
下関側から関門海峡の夜景観賞ポイント。火の山の上部付近まで車で登ることができ、1 時間で 360 度回転する展望台もある。標高 260m の高さから見おろすライトアップされた関門橋や、点灯された下関、門司の海岸線の夜景は幻想的。

からいきなりの急登になるが、しばらくするとなだらかな尾根筋となる。しかしそれ以降も細かいアップダウンを繰り返しながら山頂へ。

最初のピーク・虎ケ岳山頂

オススメ度 ★★★★☆ ※上級者向き

魅力満喫度

400点満点 260点

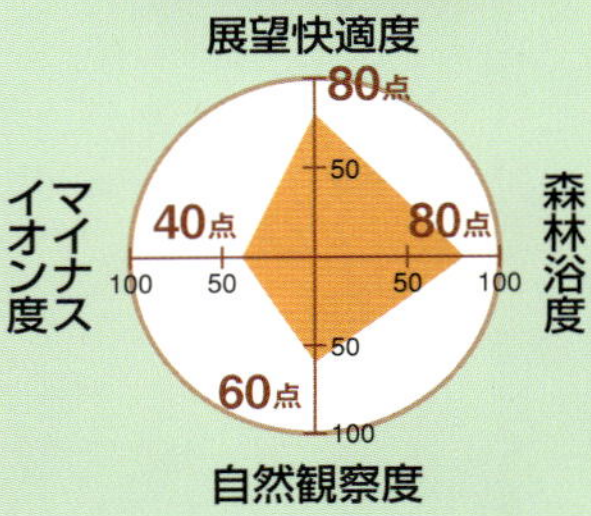

その他の魅力

このロングコース上には、いくつかの山頂（虎ケ岳・烏帽子岳・葉山・茶臼山）がある。全山縦走が体力的に困難な場合は、それぞれの山頂を１つないし２つのみ選んで登るコースもある。

コースデータ

■徒歩総時間……７時間
■楽しめる期間…通年
■お勧めの季節…新緑５月・冬から春
■歩行距離………12.5 キロ
■標高…………414 m（最高所・虎ケ岳）
■累積標高差…上り 797 m、下り 774 m

温泉データ

泉質：単純弱放射能冷鉱泉

下松温泉星乃湯

☎ 0833-44-1126　下松市望町 1-10-1

里山

里山縦走
ロングコース

28 周《しゅう》南《なん》アルプス

周防灘の多島美を満喫

周南市・光市

コースの特徴

標高は低いが、ルート上にはいくつものアップダウン道が待ち構えている。最高所でも虎ケ岳の４１４ｍだが、歩く距離が13キロ弱程度もある。

さて、登山口である渓月院は光市にある。室町時代の創建であり曹洞宗の名刹でもあるので、登山の前にはお参りしておきたいものだ。歩きはじめから登り斜面が最初のピークである虎ケ岳まで連続していく。虎ケ岳からいったん下り再度上り返すと烏帽子岳である。

しかし、まだまだ気が抜けない。烏帽子岳から3番目のピークである葉山までは細かいアップダウンを繰り返す長い道だが、時折左手に見える光市内を流れる島田川の曲線美が心を和ませてくれる。葉山から茶臼山までも小さな起伏の尾根筋道となり、最後の急登をがんばると絶景が待ってくれている。

（上）茶臼山頂上から笠戸島と周防灘を望む
（右下）細かいアップダウンの連続道　（中下）光市内と島田川　（左下）下山口付近

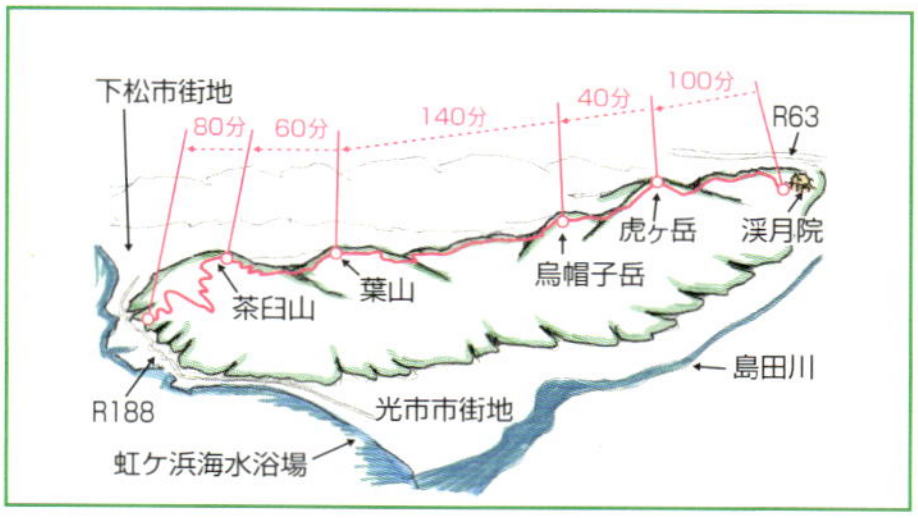

【アクセス】※縦走コースであるので、車２台でのアプローチが必須。１台は登山口、もう１台を下山口に配置する。
山陽自動車道・熊毛 IC から県道８号・63 号経由、登山口の渓月院まで車で約 30 分
【問い合わせ先】周南観光コンベンション協会
☎ 0834-33-8424

最寄りの施設

光市農業振興拠点施設 里の厨
☎ 0820-49-0831
営業時間：9:00 ～ 18:00
定休日：月曜
地元産の新鮮野菜を販売している直売所をはじめ、切り花コーナーや乳製品、手作りスイーツなども充実。コッペパンの専門店や季節の旬の食材を使った料理を提供するレストランなどがある。

里地・里海

車エビ養殖
発祥の地

29

秋穂《あいお》の丘

夕暮れ・日没の鑑賞ポイント

山口市秋穂

夕暮れ時への序章

オススメ度 ★★★★★

魅力満喫度

400点満点 **290点**

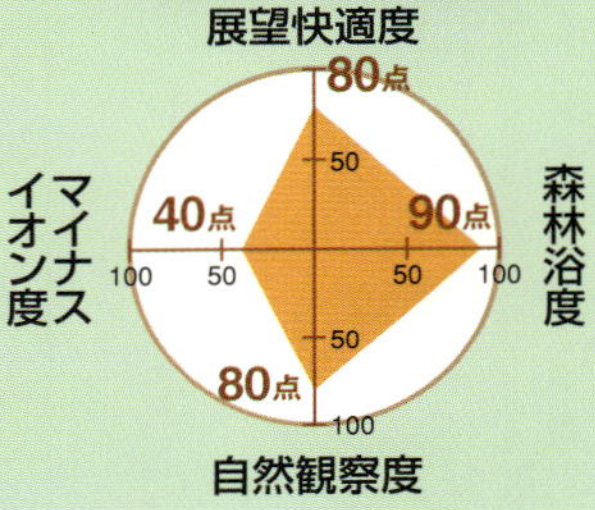

その他の魅力

あいお荘南にあるお椀の形をした岬の中央部は、灯台もある公園地（草山公園）。４月には桜の花見をしながらハイキングもできる。あいお荘からいったん下り、再度舗装道路沿いに歩いて行く片道 2.3 キロ、徒歩 30 分の道のりである。

コースデータ

■徒歩総時間……なし
■楽しめる期間…通年
■お勧めの季節…秋から冬の夕暮れ時
■歩行距離………なし
■標高…………80 m（あいお荘）
■累積標高差…なし

♨ 温泉データ　泉質：単純弱放射能冷鉱泉

秋穂温泉 海眺の宿あいお荘
☎ 083-984-2201　山口市秋穂東 768-13

コースの特徴

これほどの残照感にどっぷりと浸れる夕暮れ・日没鑑賞スポットはないだろう。それは、この場所が位置する地理的な特異性からである。まず、佐波川が流れ込む大海湾と椹野《ふしの》川が注ぐ山口湾に囲まれた狭い土地に、昆虫の頭部と前足２本が突き出したような小さな３つの半島がある。

その頭部部分に今回紹介する丘がある。丘の上には海眺の宿あいお荘があり、夕陽を望む最適のテラスを開放している。テラスからはまず、突き出た半島のひとつ「岩屋の鼻」まで連なる秋穂湾の美しい曲線カーブを眼下に見おろす。さらにその背後の夕陽の中に、山口宇部空港を離発着する航空機の姿を見ることができるかもしれない。

そして太陽が沈み西の空が紅色に染まる残照時間となるにつれ、あま

（上）この残照感が堪らなくいい
（右下）海眺の宿あいお荘のロビーにて　（中下）ススキの穂が風と光線に揺れている　（左下）日没前

りにも強い西日によって見えていなかった、九州の国東半島や豊前の山並みがくっきりと浮かび上がってくる。

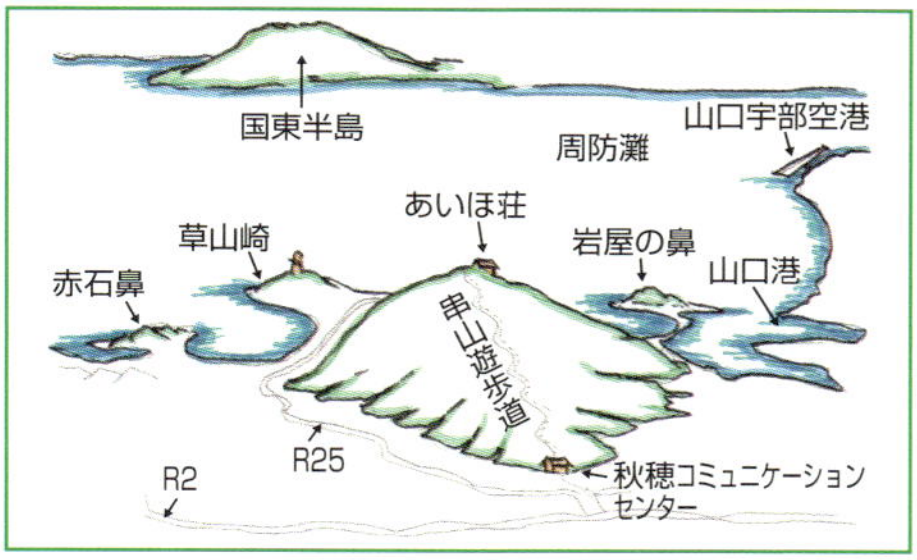

【アクセス】山陽自動車道・山口南 IC から県道 194 号経由、車で約 30 分
【問い合わせ先】山口観光コンベンション協会秋穂支部
☎ 083-984-3741

最寄りの施設

道の駅 あいお
☎ 083-984-5704
営業時間：9:00 ～ 18:00
定休日：毎月第 2･4 水曜
秋穂は日本の車エビ養殖発祥の地。その新鮮な活車エビの注文も受け付けている。港に近い立地条件を生かして、瀬戸内の新鮮な魚介類が豊富に入手できる。

大平山全景

里山

防府市最高峰

30

大《おお》平《ひら》山《やま》

防府市

ツツジの花越しに周防灘の多島美世界

オススメ度 ★★★★☆

魅力満喫度

400点満点 260点

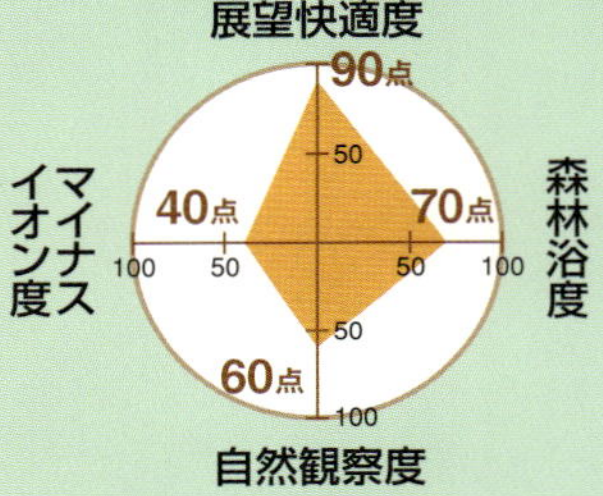

その他の魅力

大平山登山コースには、阿弥陀寺からのルートもある。毎年６月には阿弥陀寺で「あじさい祭り」が開催されるので、やや荒れた道ではあるが、あじさいの花を求めての下山コースとして考えるのもいい。※また、車道が山頂まで通じている。

コースデータ

■徒歩総時間……４時間
■楽しめる期間…通年
■お勧めの季節…５月のツツジ開花時
■歩行距離………６キロ
■標高…………631 m
■累積標高差…457 m

温泉データ

泉質：塩化物冷鉱泉

江泊温泉 和の湯

☎0835-23-4126　防府市江泊 1942

コースの特徴

防府市の最高峰。山陽自動車道からも簡単に識別できる。山の頂上部分が遮蔽物のない展望地でもあるので、地元のテレビ局などの巨大な中継アンテナが数本建っていることがその理由である。頂上付近にある展望台からの景色は思わず見惚れてしまうほどの絶景である。西方向は遥か彼方には宇部市の海岸線が遠望できる。天候などの諸条件が良好であれば、大分県国東半島まで見えることもある。

また、眼下には防府の平野部から三田尻の港湾付近が見おろせる。目を南から東に転じていけば、周防灘に浮かぶ小さな島々が海に浮かぶ小さな宝石群のようだ。特に、お勧めの時期は5月のツツジ開花時期。

山頂付近では毎年5月に「大平山つつじ祭り」が開催されて、ヒラド

（上）山頂付近からの展望
（右下）歩きはじめは急な斜面　（中下）山頂へ向かう道　（左下）阿弥陀寺山門

ツツジをはじめとする約10万株のツツジが、それこそ「百花繚乱」の如くなのである。周防灘の多島美世界は一生の記憶に残ることだろう。

最寄りの施設

阿弥陀寺

☎ 0835-38-0839

平安時代末期から鎌倉時代初頭にかけて、俊乗房重源上人が後白河法皇の安穏を祈るために、東大寺の周防別所として建立した名刹。境内には昭和 50 年代から植えられた山アジサイやガクアジサイなど、80 種類、約 4 千株のアジサイがある。

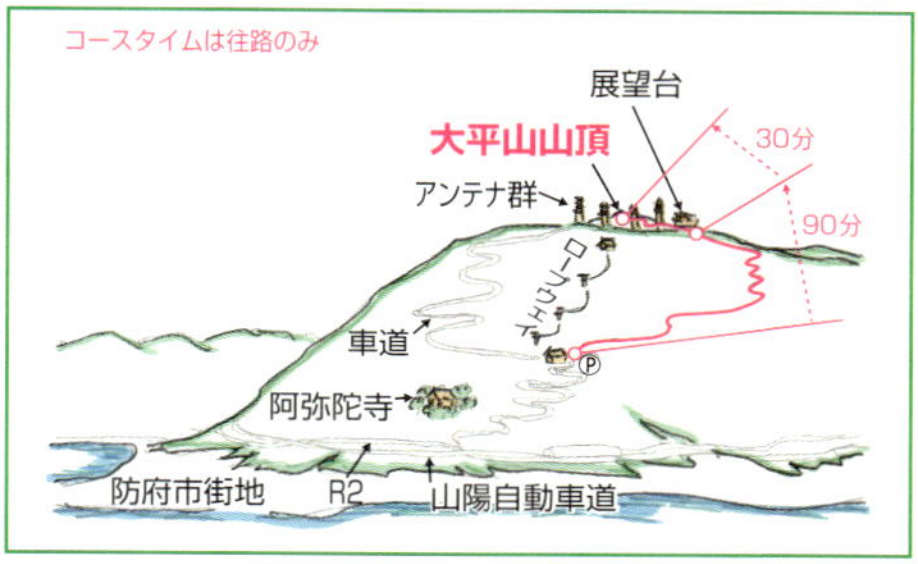

【アクセス】山陽自動車道・防府東 IC から防府バイパス、国道２号経由、ロープウエイ山麓駅まで車で約 10 分
【問い合わせ先】防府市観光協会　☎ 0835-25-2148

里地

日本棚田百選

31

大《お》井《い》谷《だに》棚《たな》田《だ》散策歩き

山村の原風景の中でゆったりとした時間を過ごす

鹿足郡吉賀町

大井谷集落の南側

オススメ度 ★★★★☆

魅力満喫度

400点満点 290点

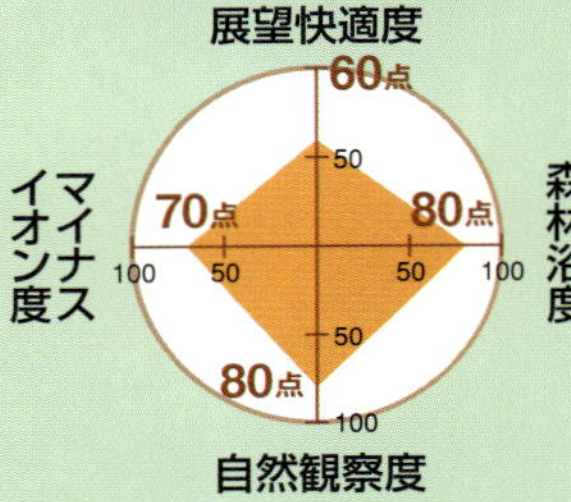

その他の魅力

助《たすけ》 はんどうの会：1998年4月に発足した、棚田の有効活用を中心とした地域づくり推進組織。年間を通じて棚田での行事などを開催。はんどうとは集落の最上部にある窪んだ石のこと。干ばつの際、そこに溜まる水で村人らが生き延びたという史実がある。問い合わせ先・吉賀町役場柿木庁舎 産業課☎0856-79-2213

コースデータ

- 徒歩総時間……1時間
- 標高…………350m
- 楽しめる期間…通年
- 累積標高差…ほとんどなし
- お勧めの季節…田植え前後（5月初旬）
- 歩行距離………1キロ

温泉データ　泉質：単純放射能冷鉱泉

柿の木温泉はとの湯荘
☎0856-79-2150　鹿足郡吉賀町柿木村柿木 1347-8

コースの特徴

室町時代から江戸時代までの約６００年にわたる歴史の中で、大井谷集落の人たちが営々と補修や積み直し作業を繰り返してきた。現在は、棚田の担い手の多くが高齢となっているが、地域のアイデンティティとしての棚田景観保持・継承に尽力している。

大井谷集落は、日本一の清流にも選ばれた高津川へ注ぐ大井谷川の上流部に位置している。集落の北側には、大鹿山を中心に、標高７００ｍ台の山稜が屏風のように広がる。集落の南側にも山はあるが、大井谷川の流れ出る出口ともなっており、その南側両サイドの山は北側に比べると標高は低い。

大井谷集落は、そんな山深い場所にぽっかりと開けた山村。日当たりの良い南向きの斜面、昼夜の気温差

（上）集落の北側には標高 700m 台の山稜
（右下）集落背後の大鹿山方向　（中下）ループ道路とともに見事な曲線を描く棚田　（左下）助はんどう

などの地形的条件を背景に、この集落で収穫されるお米は、江戸時代には津和野藩への献上米とされていた。

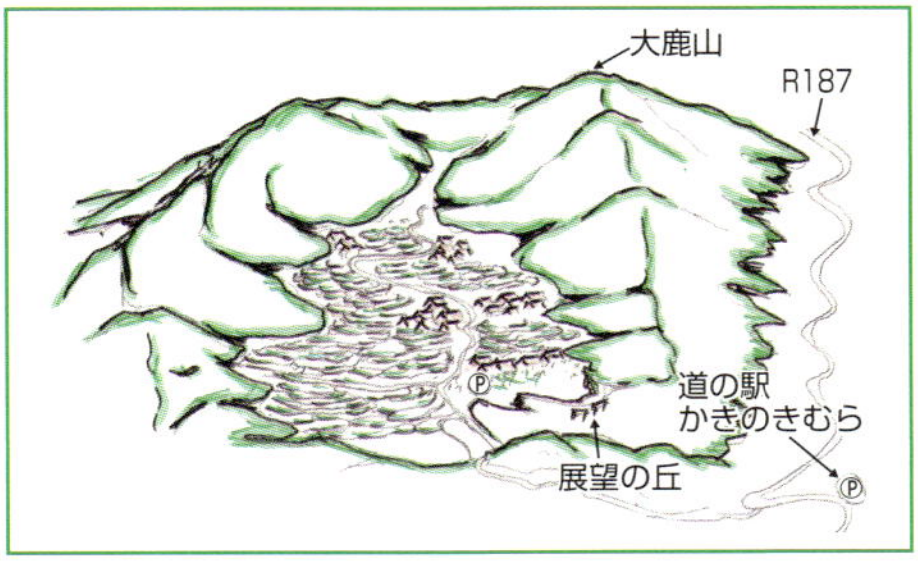

【アクセス】中国自動車道・六日市ＩＣから国道 187 号経由、大井谷集落まで車で約 30 分
【問い合わせ先】吉賀町役場柿木庁舎産業課
☎ 0856-79-2213

最寄りの施設

道の駅 かきのきむら
☎ 0856-79-8024
営業時間：9:00 ～ 18:00
レストラン、木工品などの物販コーナーや、農家から直接持ち込まれる有機野菜やできたての総菜コーナーもある。柿の木温泉にも近い。津和野などの周辺情報も入手できる。トイレ、駐車場あり。

奥出雲の田園風景

里山

伝説と神話の里

32

玉《たま》峰《みね》山《さん》

マイナスイオンの滝めぐりと巨岩群

仁多郡奥出雲町

オススメ度 ★★★★★

魅力満喫度 〔歴史文化堪能度 70点〕

400点満点 290点

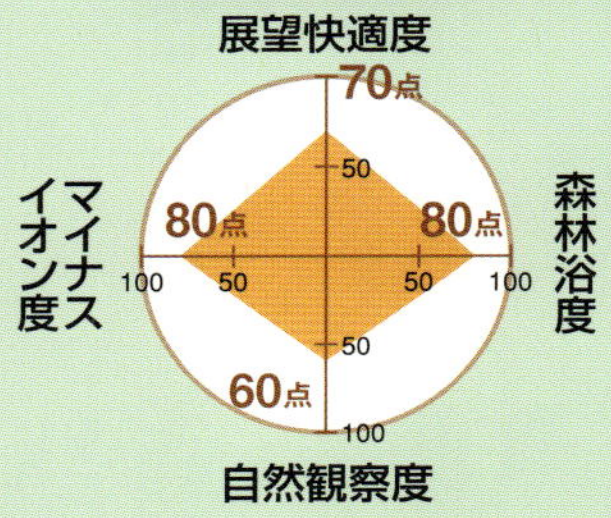

その他の魅力

湯野神社：道の駅・酒蔵奥出雲交流館から徒歩圏内。松本清張原作の『砂の器』の舞台として一躍脚光を浴びた神社。

コースデータ

■徒歩総時間……4.5 時間
■楽しめる期間…5 ～ 11 月
■お勧めの季節…10 月下旬～ 11 月初旬
■歩行距離………4.5 キロ
■標高…………820m
■累積標高差…420m

温泉データ　泉質：アルカリ性単純温泉

亀嵩温泉 玉峰山荘

☎ 0854-57-0800　仁多郡奥出雲町亀嵩 3609-1

コースの特徴

この山は、玉造りの神が宿る山として『出雲国風土記』にも記されている。ヤマタノオロチ伝説の船通山から、出雲平野へと流れ出る斐伊川の支流・亀嵩川の源流部に位置している。その歴史的記述、地形的位置を知るだけでも、この里山の持つ古代からの「山の霊力」を感じずにはいられない。

登山口からすぐの場所には、絶えず森の木々にマイナスイオンを降り注ぐ「雄滝《おだき》」があり、登山者の心身をも浄化してくれるかのようである。登山口へ戻り階段状の坂を上って行くと、人工林の中の道がしだいに勾配率を上げながら巨岩群の森へと繋がっていく。岩の間を抜ける小窓岩からはさらに急な斜面となり、危険度は低いが時折ロープ伝いの個所も出てくる。

（上）雄滝
（右下）登山口　（中下）玉峰山山頂　（左下）下山ルートの鉄階段

いくつかの巨岩のそばを抜けて行くと、やがて山頂に到達する。山頂からは、三瓶山、大山、大万木山が遠望できる。

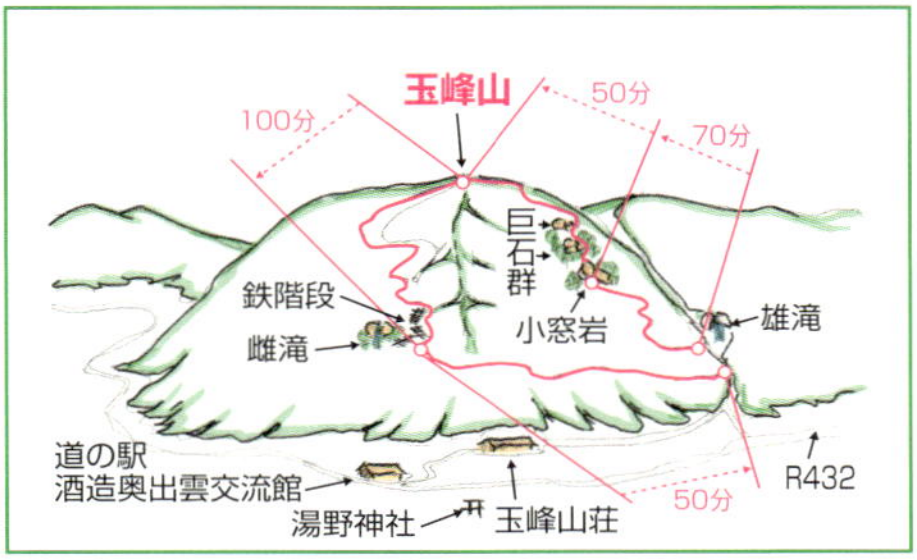

【アクセス】松江自動車道・三刀屋木次 IC から県道 25 号、45 号経由、登山口の玉峰山森林公園まで車で約 50 分
【問い合わせ先】奥出雲町役場　☎ 0854-54-1221

最寄りの施設

道の駅　酒蔵奥出雲交流館
☎ 0854-57-0888
※登山口から車で５分の至近距離
薬効が高いといわれる玉峰山の麓から湧き出る温泉水の自動販売スタンドがある。また、奥出雲地方で収穫された酒米で醸造した「銘酒仁多米」、仁多米を使った本格焼酎「亀嵩」なども販売。

登山口にある杉の巨木

里地

津和野の里を守る丘

33

津和野《つわの》城跡《じょうあと》への道

巨大な石積み城壁に圧倒される

鹿足郡津和野町

オススメ度 ★★★★★

魅力満喫度 （歴史文化堪能度 90点）

400点満点 310点

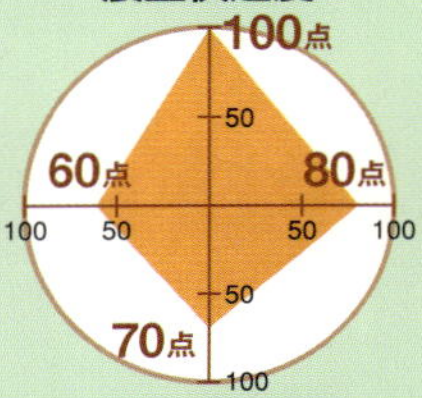

その他の魅力

鷲原八幡宮：登山口隣接のこの神社で毎年4月に開催される流鏑馬《やぶさめ》の行事は、日本で唯一原形をとどめている全長270mの流鏑馬馬場で行われる。また、11月の八幡宮入り口付近は見事な秋の色彩美世界である。

コースデータ

- 徒歩総時間……3.5時間
- 楽しめる期間…通年
- お勧めの季節…新緑5月・紅葉11月
- 歩行距離………4キロ
- 標高…………348m
- 累積標高差…170m

温泉データ　泉質：単純放射能冷鉱泉

なごみの里あさぎりの湯

☎0856-72-4122　鹿足郡津和野町鷲原イ－256

コースの特徴

チェアーリフト利用のアプローチが可能なので、意外にもこのウォーキング道は知られていない。しかし、その魅力を一度知ってしまえば、四季折々に異なる表情を求めて幾度となく歩いてみたくなる道である。特に紅葉の季節、ほとんど人影のない静かな平日に訪れてみたいものだ。

まず登山口である鷲原八幡宮の秋化粧には、しばし時の経つのを忘れてしまうほど。八幡宮裏手にある杉の巨木にも見惚れてしまう。ご神木である巨木からしばらくは樹林帯の道となり、細かな上り下りが連続する。石垣など古跡を案内する標識を左右に確認した後、さらに歩を進めると突如として、木立ちの隙間から空との距離が近くに感じられる場所に出る。

と同時に、石積み城壁が胸を反ら

（上）秋の鷲原八幡宮参道
（右下）見事な石積み城壁群　（中下）秋の津和野城跡　（左下）城跡から津和野の町を見おろす

せた勇者のような姿で現れる。城壁の最高所からは、正面に美しい円錐形の秀峰・青野山を望み、山陰の小京都・津和野の町を眼下に見る。

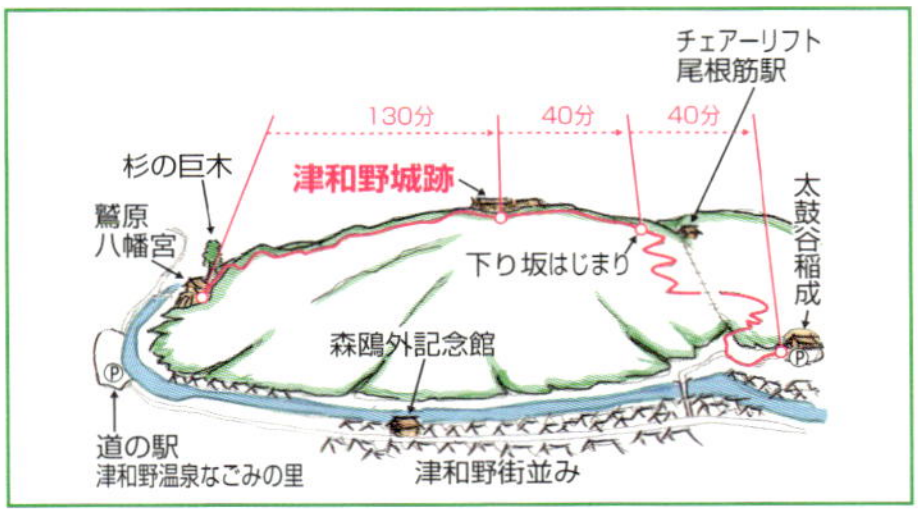

【アクセス】中国自動車道・六日市ＩＣから国道 187 号、９号経由、道の駅 津和野温泉なごみの里まで車で約 60 分。道の駅から登山口の鷲原八幡宮まで徒歩 10 分。下山口の太鼓谷稲成神社から道の駅まで徒歩 30 分
【問い合わせ先】津和野町観光協会　☎ 0856-72-1771

最寄りの施設

道の駅 津和野温泉なごみの里

☎ 0856-72-4122

温泉、レストラン、物販コーナーや新鮮市場まである総合施設機能を兼ねた道の駅。もちろん、津和野の観光情報コーナーなどもあり、津和野城跡以外の周辺情報も入手できる。トイレ、駐車場あり。

錦秋の三瓶山麓

里地・里山

錦秋の山岳周遊

34

錦秋の室《むろ》の内《うち》（三瓶山《さんべさん》）

すり鉢状の底から錦秋の三瓶山を堪能

大田市・飯石郡飯南町

オススメ度 ★★★★★

魅力満喫度

400点満点 370点

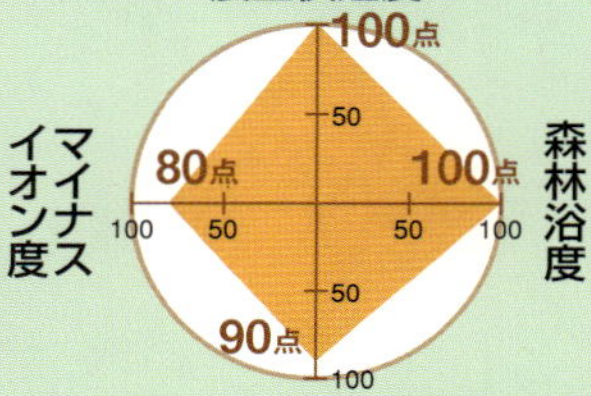

その他の魅力

三瓶小豆原埋没林公園：登山の後に、ぜひ立ち寄ってほしい場所。約4000年前の噴火で地中に埋もれた森の様子を学ぶことができる。地中に聳える巨木を発掘状態で展示する地下展示室は圧巻。

☎ 0854-86-9500　9:00 ～ 17:00　＊最終入場は、16:30

※登山口から車で20分

コースデータ

■徒歩総時間……３時間

■楽しめる期間…５～11月

■お勧めの季節…10月下旬～11月初旬

■歩行距離………４キロ

■標高…………903m 孫三瓶山（最高所）

■累積標高差…上り 425m

温泉データ

泉質：ナトリウム塩化物泉

国民宿舎さんべ荘

☎ 0854-83-2011　大田市三瓶町志学 2072

コースの特徴

全国広しといえども、カルデラのすり鉢状底部分から、周囲の紅葉する山斜面をぐるりとひと眺めできる場所は、この三瓶山室の内くらいではないだろうか。さらにカルデラ内にある湖の湖面に、岸辺の錦秋模様が映るのも見逃せない。この錦絵のような秋景色の序章は、歩きはじめの大平山付近から始まる。

　孫三瓶山への尾根筋では、黄葉の木々とササの緑が優しげなハーモニーを奏でている。孫三瓶山から室の内への下り道では、重なる落ち葉と風に揺れるススキの穂が加わり、秋気配の旋律がしだいにクレッシェンドしていく。

　そして、カルデラ湖の岸辺に佇み周囲を見渡すと、そこでは色彩美世界の交響曲がクライマックスを迎える。湖畔に置かれた簡素なベンチに

（上）秋の室の内　（右下）歩きはじめから、こんなに落ち葉が出迎えてくれる
（中下）孫三瓶からの下り坂　（左下）落ち葉を踏みしめながら

腰を下ろしてしばしの安息の時間をつくりたい。小さな風が吹くたびに、色とりどりの落ち葉が湖面を繊細に染めていくことだろう。

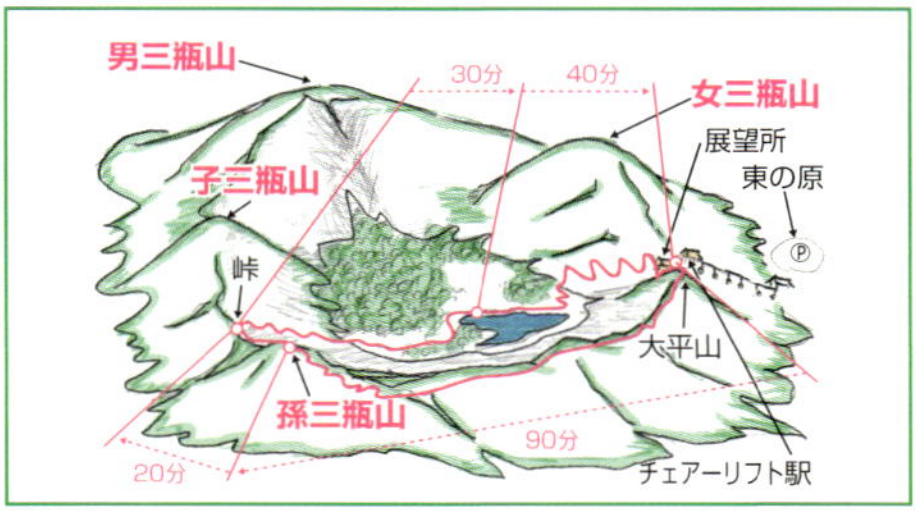

【アクセス】中国自動車道・三次 IC から国道 54 号、県道 40 号経由、車で約 2 時間。松江自動車道・三刀屋木次 IC から国道 54 号、県道 40 号経由、車で約 1 時間 20 分

【問い合わせ先】大田市観光協会　☎ 0854-89-9090

最寄りの施設

道の駅 赤来高原

☎ 0854-76-2007

営業時間：9:00 ～ 18:00

※コーナーによって営業時間は異なる

広島・岡山・四国方面からのアプローチ途上にある道の駅。旅案内コーナーは充実している。登山などのプログラムも充実している。登山地図も入手可。

安蔵寺山山頂

里山

巨木の森

35 安《あ》蔵《ぞう》寺《じ》山《やま》・ブナの森

西中国山地有数のブナの天然林

益田市・鹿足郡津和野町・吉賀町

オススメ度 ★★★★☆

魅力満喫度

400点満点 **330点**

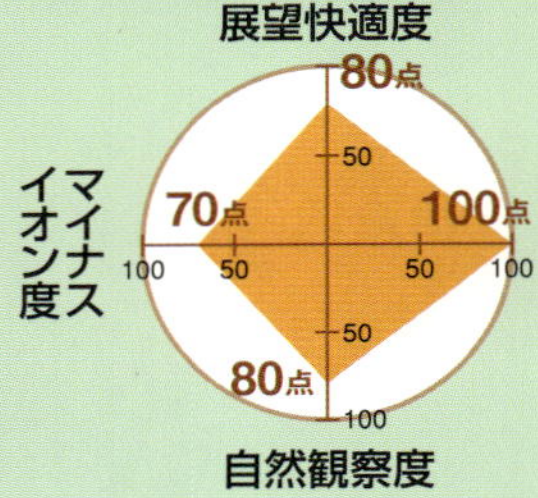

その他の魅力

ミズナラ太郎：登山口から30分も歩けば、ミズナラの巨樹では西日本有数の壮麗さ。津和野町の天然記念物に指定されているこの巨木は、樹高30m、幹回り5m弱、推定樹齢600年とされている森の巨人。

コースデータ

- 徒歩総時間……4.5時間
- 楽しめる期間…4～11月
- お勧めの季節…10～11月紅葉時期
- 歩行距離………6キロ
- 標高…………1263m
- 累積標高差…245m

温泉データ　泉質：単純放射能冷鉱泉

柿の木温泉はとの湯荘

☎0856-79-2150　鹿足郡吉賀町柿木村柿木1347-8

コースの特徴

山中に仏教修行僧が逗留していたとされる「安蔵寺」があったことから、山の名前が命名されたといわれる。山頂近くの尾根筋には、その痕跡を示す広めの空間と案内標識がある。

「島根県最高峰」と表記されることもあるが、正確には山頂が他県との県境となっていない山での、県内最高峰である。ちなみに広島県の最高峰・恐羅漢山（広島県安芸太田町）の山頂は島根県との県境であるので、公的資料などには島根県の最高峰としても表記されている。

主要な登山・縦走コースはいくつかあるが、ここでは森に注目したルート案内なので初心者向けのコースを案内する。まず、車で安蔵寺トンネルまで行く。最初に、「ミズナラ太郎」の出迎えを受け、さらにブナの巨木

（上）ブナの巨樹の森　（右下）登山口となる安蔵寺トンネル
（中下）推定樹齢 600 年のミズナラ太郎　（左下）この森で一日を過ごしたいものだ

の森へと進んで行く。頂上にこだわらず、このブナの天然林の中で一日を過ごすのも悪くないなと、心がつぶやく声が聞こえてくるだろう。

最寄りの施設

道の駅 かきのきむら
☎ 0856-79-8024
営業時間：9:00 ～ 18:00
レストラン、木工品などの物販コーナーや、農家から直接持ち込まれる有機野菜やできたての総菜コーナーもある。柿の木温泉にも近く、津和野城址などの周辺情報も入手できる。トイレ、駐車場あり。

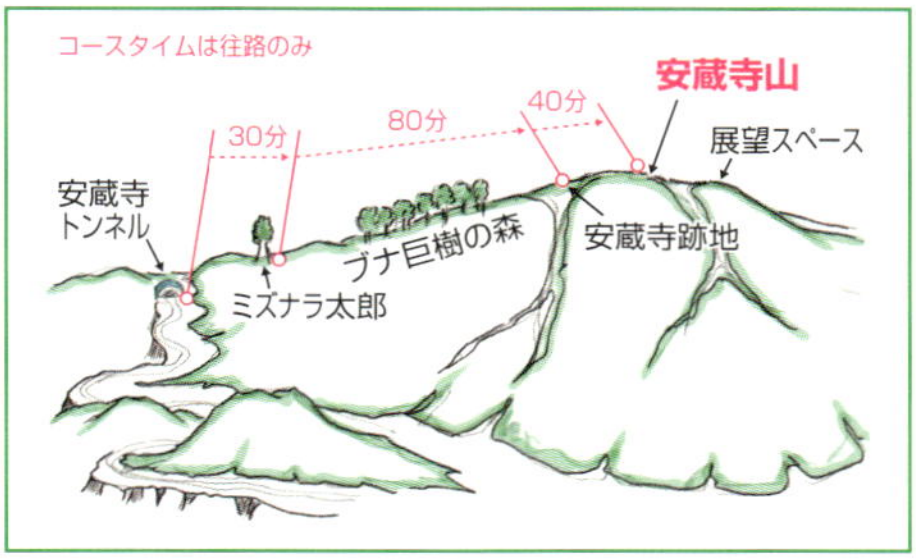

【アクセス】　中国自動車道・六日市ＩＣから国道 187 号経由、登山口まで車で約１時間
【問い合わせ先】吉賀町役場柿木庁舎産業課
☎ 0856-79-2213

里地・里山

国造り構想神話の山

36 琴引山《ことびきやま》と赤名《あかな》湿原《しつげん》

出雲風土記にも記載された里山と植生の宝庫を訪ねる

飯石郡飯南町

山頂からは三瓶山が遠望できる

オススメ度 ★★★★★

魅力満喫度 〔歴史文化堪能度 80点〕

400点満点 360点

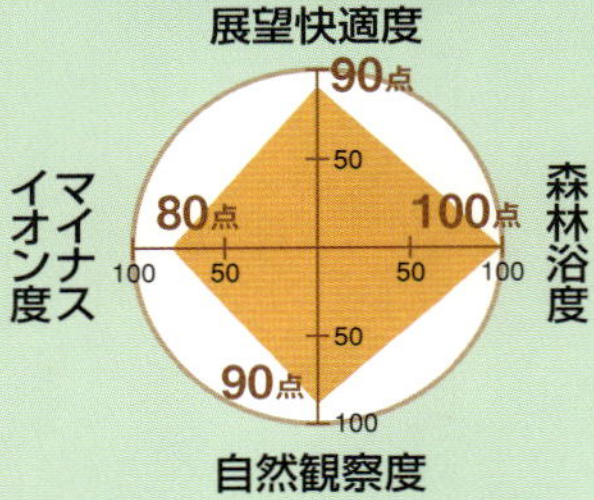

その他の魅力

地元ガイドとともに：赤名湿原を巡る際には、ぜひお勧めしたいのが地元ガイドによる解説付きウォーク。植物や自然環境のことを詳しく案内してくれる。道の駅にオフィスを構えるフロンティアあかぎ（0854-76-9050）に問い合わせするとよい。

コースデータ

- 徒歩総時間……３時間（琴引山）
- 楽しめる期間…５～11月
- お勧めの季節…６～７月（湿原）
- 歩行距離………４キロ（琴引山）
- 標高…………1013m
- 累積標高差…475m

温泉データ　泉質：単純温泉

琴引ビレッジ山荘

☎0854-72-1035　飯石郡飯南町佐見 1199-3

コースの特徴

出雲大神であった大国主命の「国造り構想」が、この山中で練られたという伝説が残る。『出雲風土記』には、「この山の峰に岩窟あり、その中に大国主命の御琴あり」との記述がある。その由来から頂上近くの大岩には「琴弾神社」の社が鎮座している。琴引山の命名も、「琴弾く音色を聞きながらの国造り構想」からであることは容易に想像できる。

古代へのロマンを掻き立てられる登山だが、登山口はスキー場のゲレンデである。琴引フォレストパークスキー場駐車場に車をおき、ゲレンデ沿いに15分程度上ると、建物左手に山道が始まる表示が出てくる。ここからは、樹林帯の中をジグザグに登って行くことになる。

人工林の中の道はしだいに急峻となっていくが、大神岩あたりに

（上）山頂近くの琴弾神社
（右下）歩きはじめはスキー場ゲレンデから　（中下）大神岩　（左下）スキー場ゲレンデからの三瓶山

は沢筋などもあり休息するに適所である。大国主命の御琴があったと伝えられる琴の岩屋との分岐を過ぎると、琴弾神社・山頂まではあと一息。

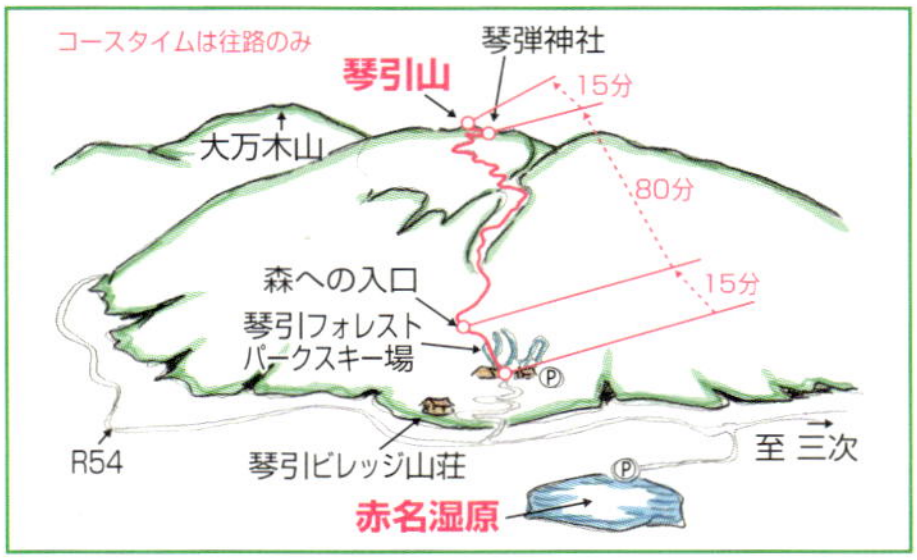

【アクセス】中国自動車道・三次ＩＣから国道 54 号経由、赤名湿原まで車で約 50 分。琴引山登山口まで車で約 1 時間
【問い合わせ先】道の駅赤来高原　☎ 0854-76-2007

最寄りの施設

道の駅 赤来高原
☎ 0854-76-2007
営業時間：9:00 ～ 18:00
※コーナーによって営業時間は異なる
旅案内コーナーは充実している。周辺の魅力ポイントを知り尽くした「旅のコンシェルジュ」が、地元でしか得られない貴重な情報を惜しげもなく提供してくれる。

笠岡港から白石港に到着

里山・里海

国の名勝指定の島

37

笠岡諸島《かさおかしょとう》・白石島《しらいしじま》

奇岩が連なる島の山旅

笠岡市

オススメ度 ★★★★☆

魅力満喫度

400点満点 **280点**

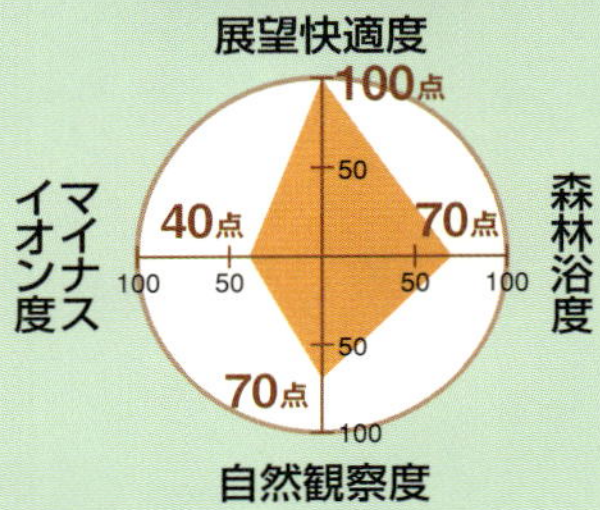

その他の魅力

白石踊り：国の重要無形民俗文化財に指定。1183年、倉敷市玉島沖の水島合戦で戦死した人々の霊を慰めるために始まったと伝わる。近世以降は祖先を弔うお盆の行事として受け継がれ、白石海水浴場で夜通し踊られる。瀬戸内の小さな島で受け継がれてきた民俗行事を一度は見たいもの。

コースデータ

■徒歩総時間……2.5時間
■標高…………168m（立石山）
■楽しめる期間…通年
■累積標高差…168m
■お勧めの季節…夏休み・白石踊り公演期間
■歩行距離………2.5キロ

宿泊入浴　古民家風のつくり。夕陽鑑賞最適

中西屋旅館
☎0865-68-3553　笠岡市白石島260

コースの特徴

笠岡諸島は、岡山県の西端、笠岡市に属し、大小31の島々で構成される。有人の島は、白石島をはじめ、高島《たかしま》・北木島《きたぎしま》など7島。各島とも本州や四国と橋で結ばれていないので、島独自の時間の流れ方をしている。

特に白石島は奇岩・巨岩の連なる、知られざるパワースポット的存在といってもいいだろう。白石港から、右手にある岬を迂回し白石島海水浴場に向かう。途中、干潮時には歩いて渡れる弁天島などが見える。浜辺を中西屋旅館の先まで歩き、左側の案内標識を確認した後、白石島国際交流ヴィラへと緩い坂を上って行く。

途中の分岐標識からは、標高150mの通称応神山（高山）へと奇岩が連なる展望の尾根道を歩く。しだいに左手方向に開龍寺の白い仏舎利塔、背後には高島の島影が遠望

（上）里地・里海にふさわしい景観が広がる　（右下）開龍寺のタイ式仏舎利塔
（中下）応神岩への展望尾根　（左下）瀬戸内海のおだやかな風景を独り占め

できる。標識に従い、立岩山への展望尾根ルートを歩く。

下山は立岩山から鎧岩を経由する道。

最寄りの施設

弘法山開龍寺

☎ 0865-68-3014

弘法大師空海が唐から帰国する際に、この島に立ち寄ったとされる。そして 37 日間この島の山中の巨岩の下を修行の場所としたともいう。昭和の時代に、この寺の住職が一時期タイに滞留したことが縁起となり、1970 年 11 月に仏舎利塔建立。

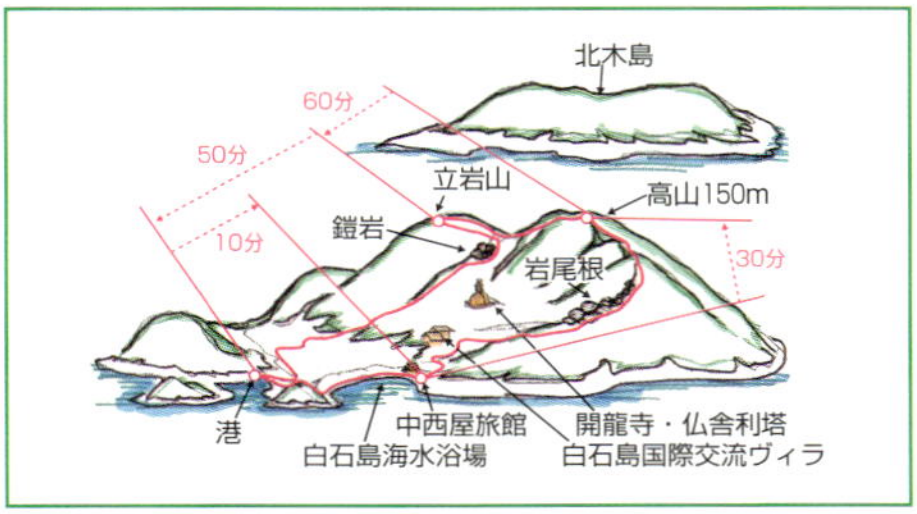

【アクセス】 笠岡港から高速船が早く便利。（※1日数便しかない）片道約 20 分　三洋汽船　☎ 0865-62-2866

【問い合わせ先】
特定非営利活動法人 かさおか島づくり海社
☎ 0865-68-3741

中蒜山山頂

里山

県境の連峰群

38 中蒜山《なかひるせん》

蒜山高原に聳える蒜山三座の真ん中

真庭市蒜山・鳥取県倉吉市

オススメ度 ★★★★☆ ※上級者向き

魅力満喫度

400点満点 **290点**

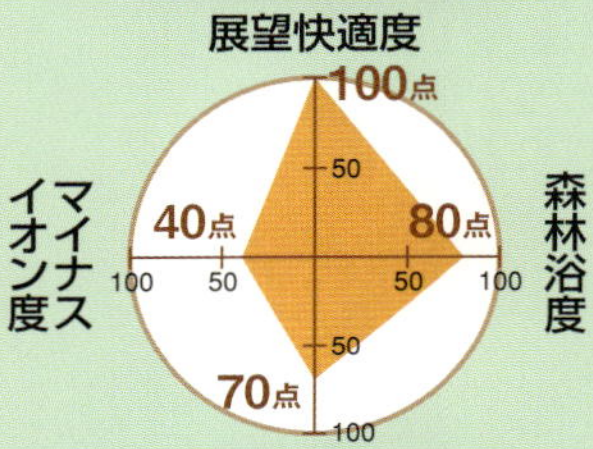

その他の魅力

蒜山三座縦走：体力や経験度が一層要求されるが、上蒜山から中蒜山を経て、下蒜山へと三座を縦走するルートもある。縦走での累積標高差は上り・下りとも、各1千mを超える長丁場。平均時間も7時間前後。車も2台必要。

コースデータ

- 徒歩総時間……５時間
- 楽しめる期間…５～11月
- お勧めの季節…新緑５月・紅葉10月
- 歩行距離………6.5キロ
- 標高…………1123 m
- 累積標高差…613m

温泉データ

泉質：含弱放射線塩化物炭酸水素塩泉

蒜山ラドン温泉（休暇村 蒜山高原東館）

☎0867-66-2501　真庭市蒜山上福田1205-281

コースの特徴

岡山県と鳥取県との県境に位置する、標高1千mを超える山陰の高峰。蒜山三座と呼ばれる連峰群(上蒜山・中蒜山・下蒜山)の真ん中にある。

実質的な標高差は600m強だが、かなりの急斜面の登山を強いられるので、体力や経験度を勘案しながら挑戦してもらいたい。ただ、山頂からは360度の展望が広がり、三座の残り二座のみならず、眼下には天孫降臨伝説のある蒜山高原の広大な景観を一望できる。登山ルート沿いには、高度の目安となる「○合目」という標識があるので疲れた際の励みになる。

歩きはじめは、塩釜冷泉の最奥場所にある湧き水横から。しばらく樹林の道だが、唐突に林道に出合い、そこを右方向に移動すると「1合目」標識が現れる。ここが実質的な登山

（上）背後に蒜山高原が広がる
（右下）歩きはじめの塩釜冷泉界隈　（中下）実質的登山口、１合目　（左下）５合目付近

口。

３合目付近から５合目辺りまでが急斜面の上りとなる。５合目を超えた辺りは美しいブナ林となる。

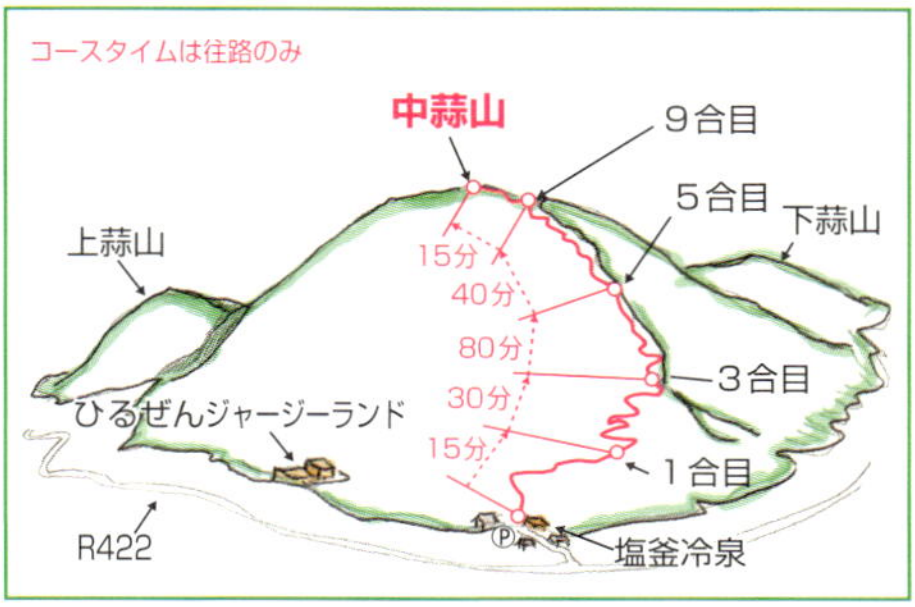

【アクセス】米子自動車道・蒜山 IC から塩釜冷泉の登山口付近まで車で約 20 分
【問い合わせ先】蒜山観光協会　☎ 0867-66-3220

最寄りの施設

ひるぜんジャージーランド

☎ 0867-66-7011

営業時間：9:00 ～ 17:00（3 ～ 12 月）、10:00 ～ 16:00（1 ～ 2 月）

「蒜山酪農組合」直営の施設。新鮮な乳製品（牛乳、アイスクリーム、クッキーなど）の味を楽しめる。建物の裏手には牛の放牧エリアがある。

オリーブの丘への道途中、野菜直売所

里地・里海

日本のエーゲ海

39 牛窓《うしまど》・オリーブの丘を歩く

おだやかな瀬戸の海を見下ろす果実の丘

瀬戸内市牛窓

オススメ度 ★★★★☆

魅力満喫度 〔歴史文化堪能度 80点〕

400点満点 270点

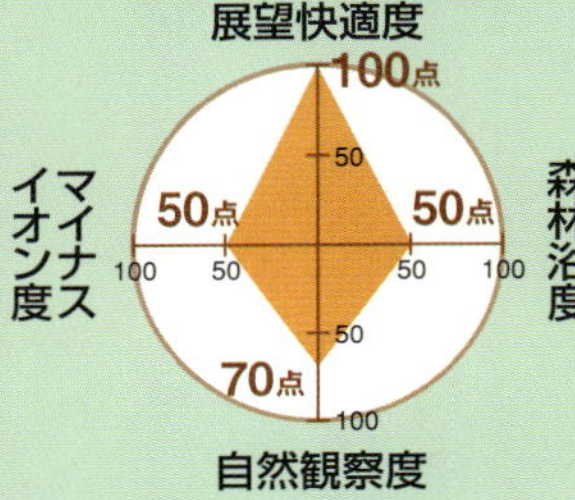

その他の魅力

しおまち唐琴通り：江戸時代には瀬戸内海航路の汐待風待ちの港町として栄華を誇っていた。この路地を歩けば、往時の賑わいの残像を見つけることができる。特に、本蓮寺の本堂、三重塔は必見。

コースデータ

- 徒歩総時間……２時間
- 楽しめる期間…通年
- お勧めの季節…６月開花時・10月収穫時（オリーブ）
- 歩行距離………４キロ
- 標高…………167ｍ（丘の頂上部）
- 累積標高差…167ｍ

温泉データ　泉質：アルカリ性単純温泉

和気鵜飼谷温泉

☎0869-92-9001　和気郡和気町益原 666-1

コースの特徴

オリーブの花言葉は、「やすらぎ・平和・知恵」である。このオリーブの丘からの眺望は、見る人すべての心に安息のひと時を与えてくれることだろう。

日本有数のオリーブの里は、牛窓の町の背後にあるなだらかな丘陵地帯にある。丘の頂上部にある展望タワーに上ると、眼前に瀬戸内海のワイドな景観が展開する。東は赤穂や相生の沿岸部、南は前島、その背後の香川県・小豆島の島影、そして西には入り組んだ小さな岬や半島群。

さらに目を北に転ずると、昭和40年代に東洋一といわれた錦海湾塩田跡地の広大な平地が見える。ここは、２０１８年から巨大な太陽光発電の拠点になる予定と聞く。標高が２００ｍにも満たない小さな丘の展望台から、これだけ全方位に異なる

（上）オリーブの丘から南側の展望、小豆島を望む
（右下）本蓮寺の三重塔　（中下）牛窓新八景、天神山から　（左下）オリーブの丘への道

雄大な景観が広がるのも他に類を見ないのではないだろうか。
その展望台には車も通行できる舗装道路を歩いてアプローチする。

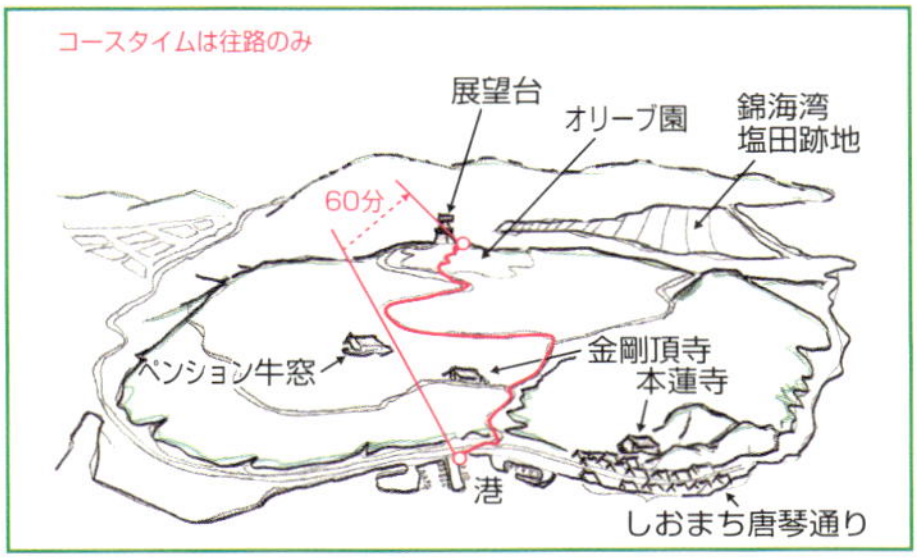

【アクセス】瀬戸中央道・早島ICから国道2号バイパス、岡山ブルーライン（邑久IC下車）、県道39号と乗継ぎ牛窓まで車で約1時間
【問い合わせ先】牛窓町観光協会　☎0869-34-9500

最寄りの施設

海遊文化館
☎0869-34-5505
開館時間：9:00 ～ 17:00
休館日：水曜
1888年に牛窓警察署庁舎として建築されたレトロな建物。館内には、豪華な装飾をこらした、秋祭り時に町内を練り歩く「山車」や、朝鮮通信使の貴重な資料なども展示されている。

桜時期の紺屋川沿い

里地

難攻不落の山城

40 備中《びっちゅう》松山《まつやま》城《じょう》跡《あと》を歩く

つわものどもが歩いた登城の道

高梁市

オススメ度 ★★★★☆（4.5）

魅力満喫度（歴史文化堪能度 100点）

400点満点 290点

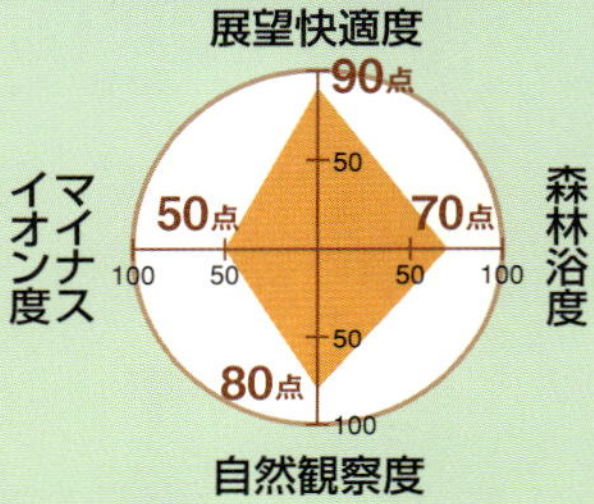

その他の魅力

高梁の町並み：備中の小京都といわれる町。江戸時代の面影が残る武家屋敷通りや、小堀遠州の作庭がある頼久寺、明治半ばの建築様式を残す高梁基督教会などが昔日の繁栄ぶりを物語る。桜の時期には紺屋川沿いを歩きたい。

コースデータ

- 徒歩総時間……３時間
- 楽しめる期間…通年
- お勧めの季節…冬の早朝
- 歩行距離………3.5 キロ
- 標高…………430ｍ(天守閣部分)
- 累積標高差…370 m

温泉データ

泉質：アルカリ性単純温泉

サンロード吉備路

☎ 0866-90-0550　総社市三須 825-1

コースの特徴

兵庫県の竹田城とともに「天空の城」として脚光を浴びてきた。この山城の起源は鎌倉時代にさかのぼる。現在、天守閣が残る山城跡としては日本最高所の場所になる。その城跡へは、昔日の武士たちが登城の際に使っていた道を辿りたいものである。当時の、もののふたちの汗が染み込んだ山道には、大石内蔵助が休息したとされる「腰かけ石」などもある。

大手門からは、見上げると首が痛くなるほどの反り返った城壁や、白い漆喰塗りの城壁などが眼前に現れる。二の丸の広場に至ると、目の前に勇壮な姿で天守閣が登場する。登城コースのスタート地点は、高梁高校そばの小川を少し登ったところに標識がある。※体力に自信のない人には、山の中腹にある「ふいご峠」

（上）大手門辺りからの眺め
（右下）登城ルート途上からは高梁市を遠望できる　（中下）天守閣　（左下）小堀遠州作庭、頼久寺

からの道（20分）がお勧め。ふいご峠には十数台分の駐車場がある。城跡の見学を終了後は、ぜひ落ち着いた高梁の街並みも散策してほしい。

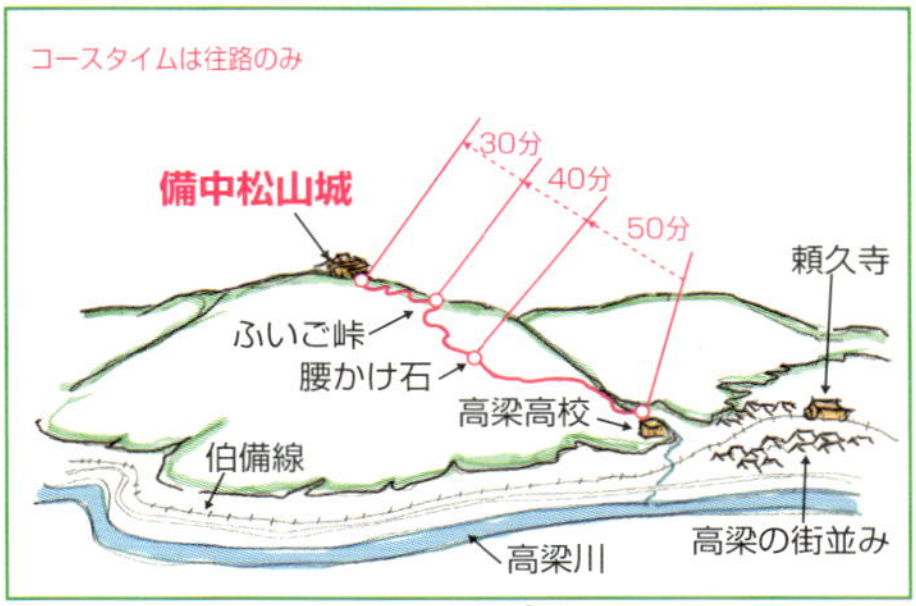

【アクセス】岡山自動車道・賀陽《かよう》 IC から国道 484 号経由、高梁市市街地まで車で約 15 分
【問い合わせ先】高梁市観光協会　☎ 0866-21-0461

最寄りの施設

高梁市郷土資料館
☎ 0866-22-1479
開館時間：9:00 ～ 17:00
1904 年に建築された、旧高梁尋常高等小学校の本館を再利用。建物施工の素材も良質の木材で丁寧な作業の跡が見受けられ、豪壮さとともに綿密さを併せもつ。

里山

国造り神話の里山

41 那《な》岐《ぎ》山《さん》

雄大な下界風景を天空から眺望

勝田郡奈義町・鳥取県八頭郡智頭町

三角点峰到着

オススメ度 ★★★★☆

魅力満喫度

400点満点 280点

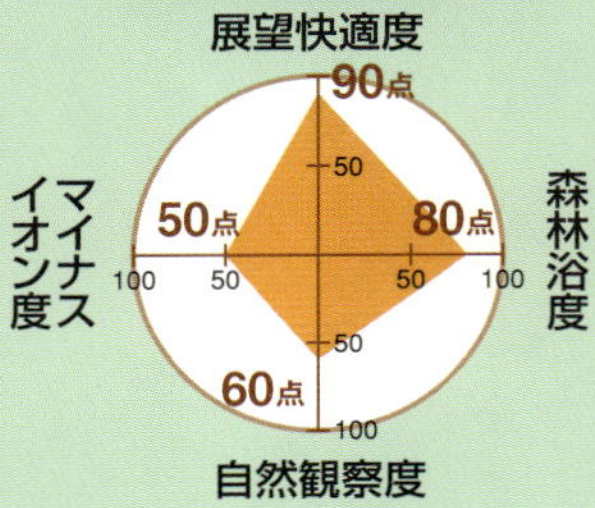

その他の魅力

イワウチワの群落：那岐山の北斜面側（鳥取県側）には、中国山地有数のイワウチワの群落地がある。西仙コースと呼ばれる登山道の標高800～900mにかけての場所にある。車2台であれば、岡山県側から登り、鳥取県側に下山することも可能。開花時期は4月下旬頃。

コースデータ

■徒歩総時間……4時間
■標高…………1255m
■楽しめる期間…5～11月
■累積標高差…680m
■お勧めの季節…新緑5月・紅葉10～11月
■歩行距離………8キロ

温泉データ

泉質：低張性弱アルカリ性温泉

湯郷鷺温泉館

☎0868-72-0279　美作市湯郷595-1

コースの特徴

岡山県奈義町と鳥取県智頭町にまたがる位置にあり、「氷ノ山《ひょうのせん》・後山《うしろやま》・那岐山《なぎさん》国定公園」指定エリアの一部。山名の由来は、日本神話が深く関係している。

国造りの神々である、伊邪那岐命《イザナギノミコト》と伊邪那美命《イザナミノミコト》がこの峰に降臨したという伝説から命名されたともいわれる。山頂稜線からの大パノラマは、まるで天空に浮かんでいるような錯覚を覚えるほど、雄大そのもの。

登山ルートは岡山県側、鳥取県側と複数あるが、ここでは南斜面（岡山県側）からの周回コースを紹介する。那岐山麓山の駅から車5分で最初の駐車場、さらに登れば蛇淵の滝近くの駐車スペースに到達する。そこから往路は大神岩経由のCコースをとり、山頂からの復路は蛇淵コース（Bコース）をとる。ポイントや

（上）頂上へ向かう稜線
（右下）森林地帯への入り口　（中下）三角点峰から下界を見おろす　（左下）紅葉の絨毯、下り道

分岐点には標識があるので安心である。※那岐山麓山の駅で詳細な登山マップを入手できる。

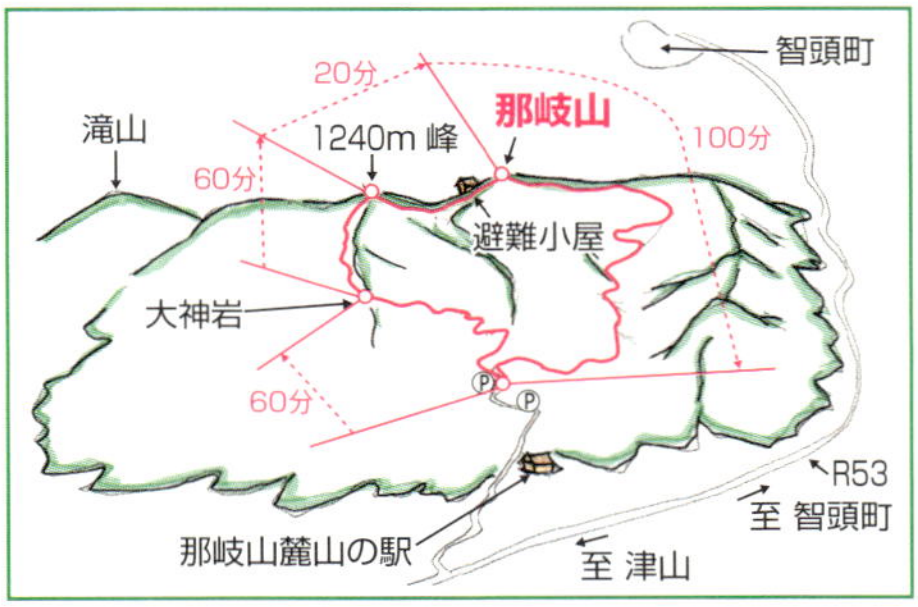

【アクセス】中国自動車道・津山ＩＣから、国道 53 号経由、登山口まで車で約 30 分
【問い合わせ先】那岐山麓山の駅　☎ 0868-36-8080

最寄りの施設

那岐山麓山の駅

☎ 0868-36-8080
営業時間：9:30 ～ 18:00
那岐山登山口の最寄りの施設。トイレ、レストラン、情報コーナーなどがあり、登山前に立ち寄り最新情報を入手したい。この建物からの南側の展望もなかなか見逃せない。

後山キャンプ場近くの登山口

里山

岡山県最高峰

42 後山《うしろやま》

行者たちが修験をした霊峰

美作市・兵庫県宍粟市

オススメ度 ★★★★☆

魅力満喫度

400点満点 **280点**

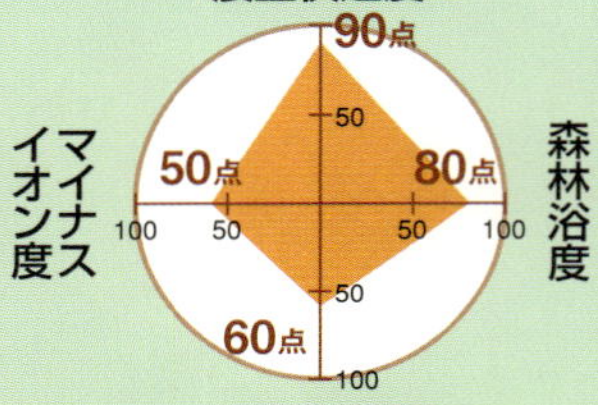

その他の魅力

修験道の聖地：後山の西側山麓には、女人禁制となっている「道仙寺・奥の院」がある。女人禁制エリアの境には、「行者山・母御堂」の表札があり小さな祠がある。

コースデータ

- 徒歩総時間……４時間
- 標高…………1334 m
- 楽しめる期間…５～11 月
- 累積標高差…635m
- お勧めの季節…新緑５月・紅葉 10 ～ 11 月
- 歩行距離………4.2 キロ

温泉データ

泉質：単純温泉

愛の村パーク・ゆらりあ

☎ 0868-78-0202　美作市後山 1872

コースの特徴

「氷ノ山《ひょうのせん》・後山《うしろやま》・那岐山《なぎさん》国定公園」指定エリアの一部で、岡山県美作市と兵庫県宍粟市にまたがる。兵庫県側からは、教霊山とも板馬見山とも呼ばれる。古来、修験道の山で山道を歩いていても、そこかしこに「山の霊力」が感じられる不思議な空間だ。

中腹から山頂にかけては、特別保護区域に指定されている見事なブナの天然林が姿を見せる。春から夏にかけては新緑の淡さや緑の樹海に目を奪われ、秋には山麓の繊細で優美な色彩に心が和むだろう。後山キャンプ場からの登山道は整備され、人工林の中の斜面をジグザグに登る。

途中の沢筋には、「中国自然歩道・後山00m」といった案内標識があるので行程の目安となり安心である。船木山へと続く尾根筋との分岐

（上）船木山への上り坂
（右下）緑の樹海の中を歩く　（中下）ブナの天然林　（左下）点在する標識

にも標識があり、やや広めのスペースとなっている。

ひと休みした後、見通しのいい上り坂を船木山、そして山頂へ。

最寄りの施設

後山キャンプ場

登山口に隣接する場所。遠方からのテント泊での登山などには有効活用できる。ただ、常駐スタッフはいないので、事前に確認が必要。（美作市東粟倉総合支所 ☎ 0868-78-3133）11 月下旬～ 4 月下旬は閉鎖。

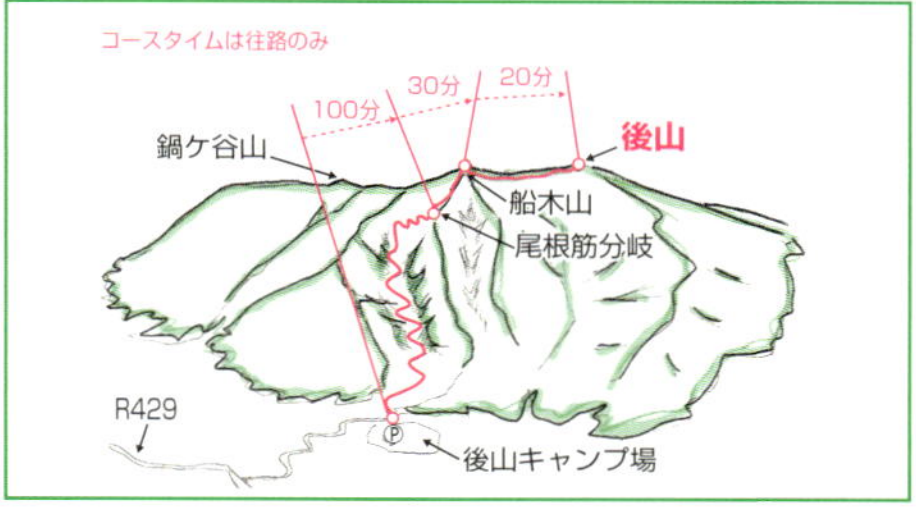

【アクセス】中国自動車道・佐用 IC から鳥取自動車道へ入り、大原 IC から国道 429 経由、後山キャンプ場まで車で約 20 分

【問い合わせ先】美作市東粟倉総合支所
☎ 0868-78-3133

水源の森をもつ毛無山から

里地

岡山県で２つだけの村

43 音とかおりの村・新庄村《しんじょうむら》

日本のかおり風景・音風景百選の村を歩く

真庭郡新庄村

オススメ度 ★★★★☆

魅力満喫度 （歴史文化堪能度 90点）

400点満点 270点

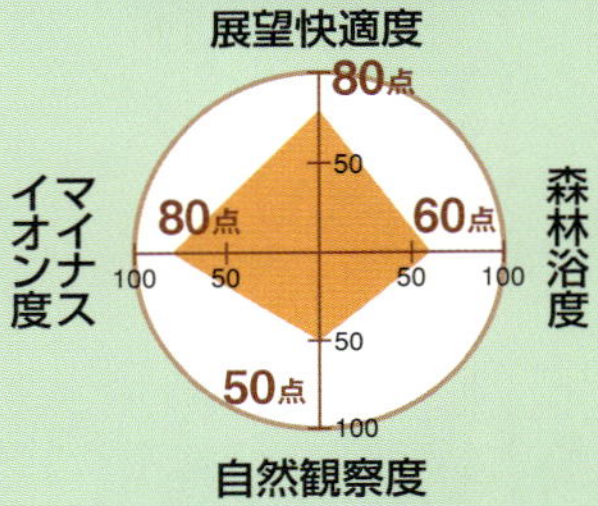

その他の魅力

毛無山での森林セラピー体験：村内にある森林セラピー基地は、県内で唯一の「森の癒し場」。水源の森百選に選ばれている毛無山のブナ林には、ゆりかごの小径と名付けられた森林セラピーロードがある。森林セラピー協議会（☎0867-56-2628・新庄村役場産業建設課内）。

コースデータ

- ■徒歩総時間……１～２時間
- ■楽しめる期間…通年
- ■お勧めの季節…４月桜開花時
- ■歩行距離………２～３キロ
- ■標高…………475ｍ(村の中心部)
- ■累積標高差…ほとんどなし

温泉データ　泉質：アルカリ性単純温泉

下湯原温泉ひまわり館

☎0867-62-7080　真庭市下湯原 24-1

コースの特徴

この村を紹介する際には数多くの冠・タイトルがある。林野庁が選出する「水源の森百選」に毛無山ブナ林が、環境省が選定した「日本のかおり風景百選」には毛無山のブナとカタクリの花、「日本の音風景百選」には旧宿場町を流れる小川のせせらぎがリストアップされている。

さらには、ＮＰＯ法人・日本で最も美しい村連合が「美しい景観づくりの継承活動地」として、岡山県から唯一この村を選んでいる。

平成の大合併を経ても、岡山県内では西粟倉村とともに「村」としての自治体を継続している。人口１千人の過疎地域だが、ゆるやかに過去から現在へと時を刻み、豊かな地域資源を未来へ継承する「村の心構え」は、必ずや訪れる人の記憶にしっかり刻み込まれるだろう。

（上）新庄川沿いに村の中心部を見る
（右下）日本の音風景百選　（中下）がいせん桜の街道　（左下）毛無山のブナ林

道の駅「メルヘンの里新庄」を起点として、新庄川の左岸沿いをゆっくりと上流に歩き、橋を渡ってから新庄宿の街道通りへ向かいたい。

最寄りの施設

道の駅 メルヘンの里新庄

☎ 0867-56-2908

トイレ・駐車場・レストランあり

宿場町の雰囲気を残す新庄宿の中心部には、車を停める場所が見つかりにくい。道の駅に駐車し、周辺の情報コーナーの地図などでコースを確認したい。

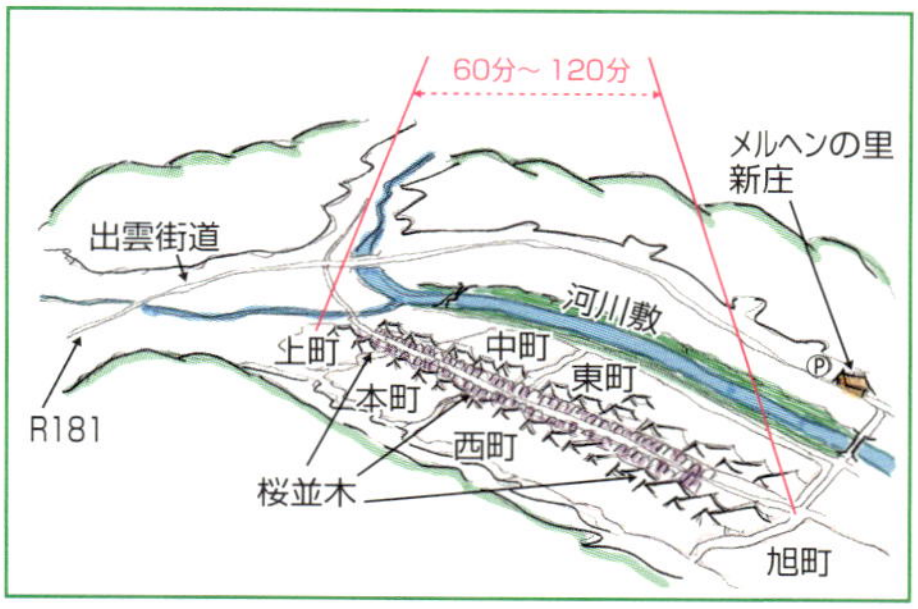

【アクセス】 米子自動車道・湯原 IC から県道湯原美甘線を経由、新庄村中心部まで車で約 30 分

【問い合わせ先】 新庄村産業建設課　☎ 0867-56-2628

津山だんじり山車

里地

出雲街道要衝の地

44

出雲《いずも》街道《かいどう》・津山宿《つやまじゅく》

山間部の城下町に伝統的建造物を訪ねる

津山市

オススメ度 ★★★★☆

魅力満喫度（歴史文化堪能度 90点）

400点満点 210点

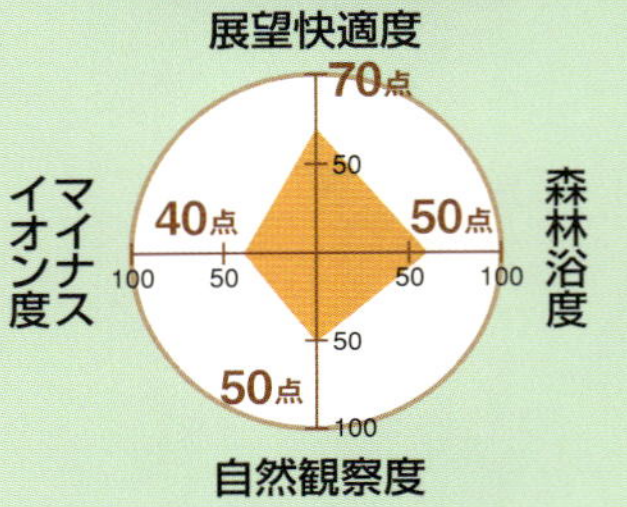

その他の魅力

津山城下は、城東界隈と城西界隈とに大きく分かれる。城西界隈にも、棟方志功に関係する「M＆Y記念館」や美作地方の歴史と文化を学べる津山郷土博物館など見どころが多数。

コースデータ

■徒歩総時間……２～３時間
■楽しめる期間…通年
■お勧めの季節…桜開花４月・紅葉 11 月
■歩行距離………4.5 キロ
■標高…………136ｍ（津山城跡）
■累積標高差…ほとんどなし

温泉データ　泉質：アルカリ性単純温泉

もえぎの里 あば温泉
☎0868-46-7111　津山市阿波 1216-1

コースの特徴

津山を初めて訪れる人にお勧めしたいのは、町の中心地の地名を地図上で確認してみること。特に津山城の西南エリア（城西界隈）は、まるで江戸時代の古地図を見ているかのような錯覚に陥るかもしれない。「紺屋町」「鉄砲町」「桶屋町」「新魚町」「元魚町」「材木町」「京町」「堺町」など、歴史好きには堪らない町名が所狭しと表記されている。

作家・司馬遼太郎氏も『砂鉄の道・街道をゆくシリーズ7』で、朝鮮から渡来してきた鋳物師の町ではないかと思い、百済という苗字の方が住んでいた「吹屋町」を訪れている。山陽と山陰を結ぶ出雲街道の主要な交通要衝の町だった津山は、中国地方の奥深い山間辺地という地理的条件にもかかわらず、独自の文化を花咲かせてきた。その独創的な文化醸

（上）津山城から城東界隈、町並み保存地区を見る
（右下）桜開花前の鶴山公園（津山城跡）（中下）和蘭堂　（左下）白壁が美しい保存地区

成の気概というものが、町並み保存地区を歩いているとそこかしこに感じられる。

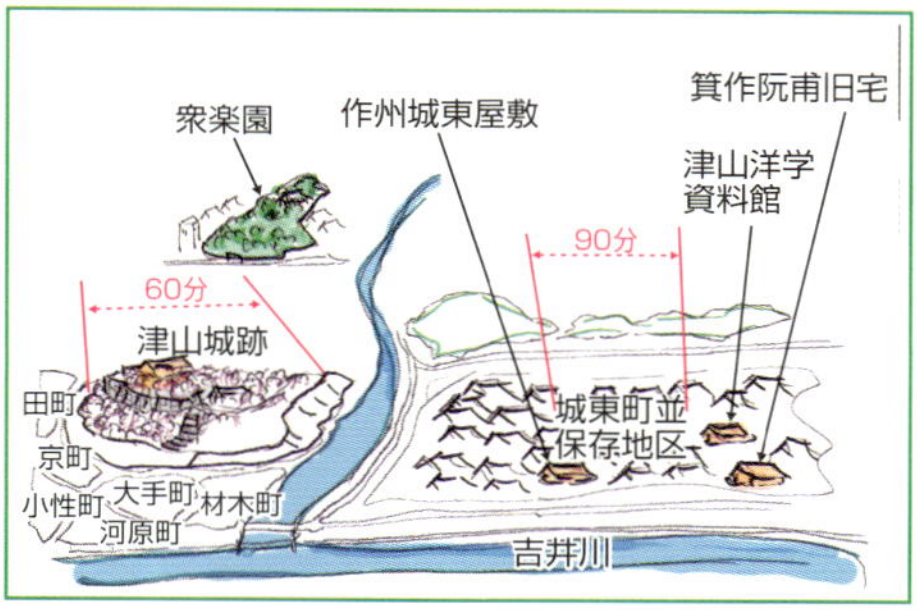

【アクセス】中国自動車道・津山ICから町の中心部まで車で約10分
【問い合わせ先】津山市観光協会　☎0868-22-3310

最寄りの施設

津山洋学資料館
☎0868-23-3324
開館時間：9:00～17:00（入館は16:30まで）
休館日：月曜（祝祭日の場合はその翌日）、祝祭日の翌日
常設展示には、『解体新書』の実物など興味深いものが多くある。

里地・里山

謎のピラミッド!? 遺跡

45 熊山《くまやま》(熊山遺跡)

霊山信仰と森林浴のメッカ

赤磐市

登山中に複数ある展望所

オススメ度 ★★★★☆

魅力満喫度 (歴史文化堪能度 90点)

400点満点 290点

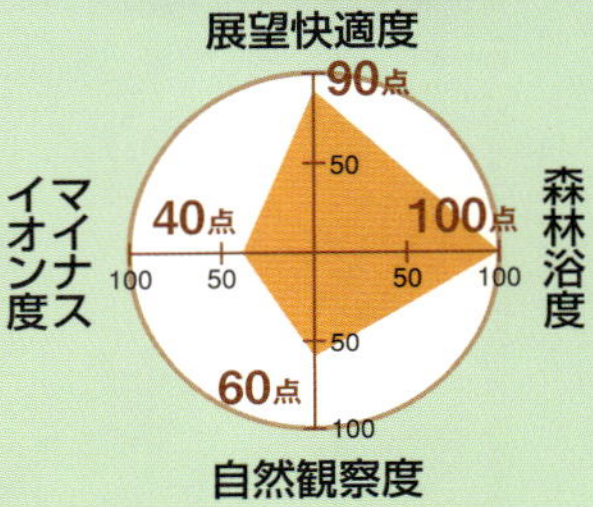

その他の魅力

天然杉の巨木：熊山神社から熊山遺跡へと向かう道沿いに、天を突くかのように屹立する2本の大杉がある。高さは40m弱程度、推定樹齢700～800年といわれる。森の巨人と呼ぶにふさわしい。

コースデータ

- ■徒歩総時間……4.5時間
- ■標高…………487m(熊山遺跡)
- ■楽しめる期間…通年
- ■累積標高差…470m
- ■お勧めの季節…ツツジ開花4月・紅葉11月
- ■歩行距離………9.5キロ

温泉データ　泉質：アルカリ性単純温泉

和気鵜飼谷温泉

☎0869-92-9001　和気郡和気町益原666-1

コースの特徴

熊山の「くま」は、和歌山県の「熊野」と同じく、古語の「隈」であり端や僻地を意味している。この山はいわゆる古代の吉備国の端っこに位置しているのである。「熊野」が畿内から見て僻地の霊地であったように、吉備国にとってこの山は、霊力を伴う土地と見られていたのだろうか。

その説の裏付けにもなり得る可能性を秘めた石積遺構が、この山域一帯に30か所以上も点在している。なかでも最大の石積遺構「熊山遺跡」が今回紹介するコースの目的場所であり、折り返し地点でもある。熊山遺跡はピラミッドを思わせる三段方形の遺構であり、現在では出土品などから奈良時代の仏塔であるとの説が有力。遺跡横の展望台から、遠く小豆島、屋島までのすばらしい瀬戸内の景色を望むことができ、登山としても歩きごたえの感じられる里山である。

（上）熊野遺跡前で出土品の説明を受ける
（右下）井戸から熊野神社は近い　（中下）熊野神社　（左下）森の巨人、杉の巨木

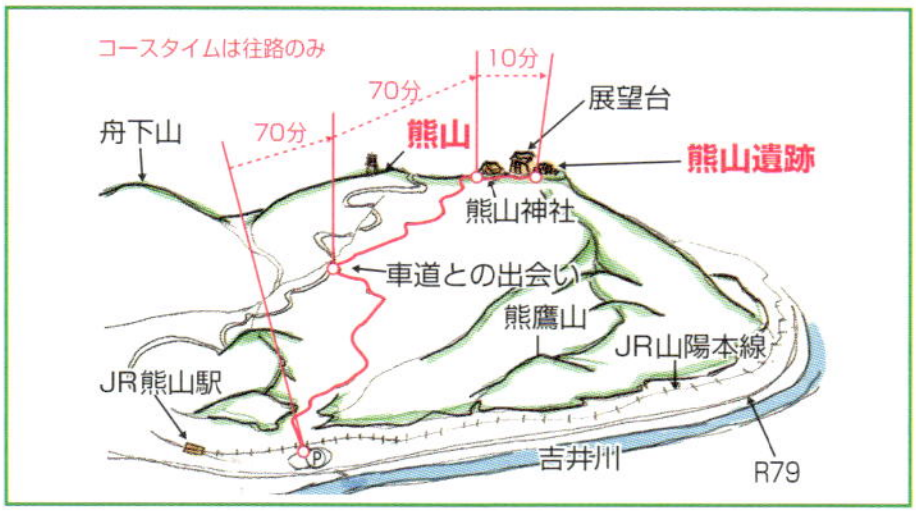

【アクセス】 山陽自動車道・山陽ＩＣから登山口・JR熊山駅近くの駐車場まで車で約 30 分。山頂付近まで同 IC から約 1 時間

【問い合わせ先】 赤磐市熊山支所産業建設課
☎ 08699-5-1217

最寄りの施設

特別史跡　旧閑谷学校

☎ 0869-67-1436
開門時間：9:00 ～ 17:00
休館日：12 月 29 日～ 31 日
閑谷学校は江戸時代に岡山藩主・池田光政によって創建された、庶民の学問所。現在では講堂が国宝に認定され、聖廟や閑谷神社、石塀などが重要文化財に指定。

峰々の濃淡グラデーション

里地・里山

高天原伝説の地

46

大山《だいせん》を望む丘・三《み》平山《ひらやま》

名峰・大山から蒜山高原まで一望

真庭市蒜山

オススメ度 ★★★★☆

魅力満喫度

400点満点 310点

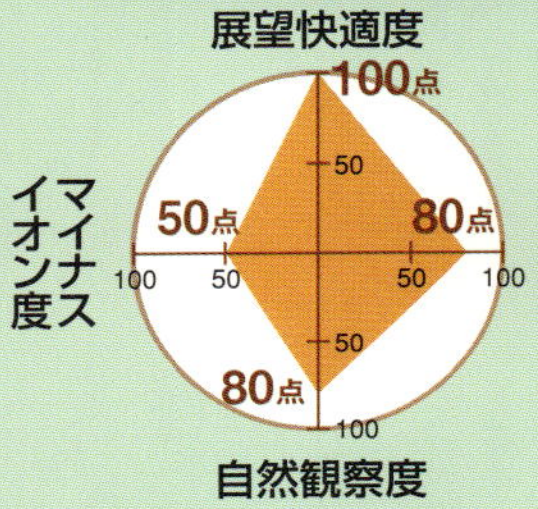

その他の魅力

「B-1グランプリ」の大会でゴールドグランプリ（第6回姫路会場）に輝き、地域グルメの代表格となった「ひるぜん焼きそば」の地元。最近では「あさぜん焼きそば」や「よるぜん焼きそば」など新メニューも。

コースデータ

- 徒歩総時間……2時間
- 標高…………1010 m
- 楽しめる期間…5～11月
- 累積標高差…290m
- お勧めの季節…新緑5月・紅葉10～11月
- 歩行距離………3.6キロ

温泉データ

泉質：含弱放射線塩化物炭酸水素塩泉

蒜山ラドン温泉（休暇村 蒜山高原東館）

☎0867-66-2501　真庭市蒜山上福田1205-281

コースの特徴

標高1千mを超える山陰の高峰だが、車で標高700m付近まで入ることができる。そのお陰で、360度開放された山頂展望地に容易に登れる。

山頂からは、まず日本百名山のひとつである名峰・大山のダイナミックな山塊が圧倒的な迫力をもって眼前に展開する。さらに、天孫降臨伝説のある蒜山高原や、中国山地の峰々が濃淡を重ねるグラデーションには時の経つのを忘れてしまうほど。三平山森林公園のそばを抜けて奥に進むと、舗装林道左手に数台分の駐車スペースがある。

そこからスタート。林道沿いを歩くと、右手に登山口標識が出てくる。しばらくはジグザグの森の中の道を上って行く。やがて樹林が途切れ、右手に蒜山高原の展望が見えは

（上）三平山山頂からの大山展望
（右下）広大な蒜山高原を見おろす　（中下）土塁の上の展望のいい尾根道　（左下）幻想的な秋の蒜山高原

じめ、心地よい風に思わず足が止まることだろう。

さらに「土塁」上の快適な道が山頂まで続く。

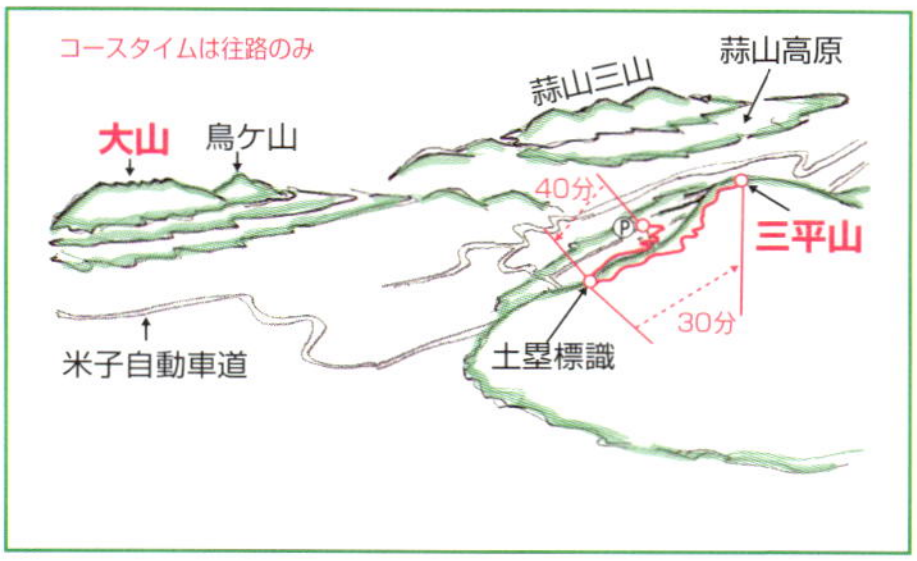

【アクセス】 米子自動車道・蒜山 IC から広域農道 482 号で内海峠へ。左折後、しばらくして三平山への標識あり。IC から車で約 20 分
【問い合わせ先】 蒜山観光協会　☎ 0867-66-3220

最寄りの施設

ひるぜんジャージーランド
☎ 0867-66-7011
営業時間／ 9:00 ～ 17:00（3 ～ 12 月）、10:00 ～ 16:00（1 ～ 2 月）
「蒜山酪農組合」直営の施設。新鮮な乳製品（牛乳、アイスクリーム、クッキーなど）の味を楽しめる。建物の裏手には牛の放牧エリアがある。

神ノ上山山頂

里山

岩尾根の縦走路

47

和気《わけ》アルプス縦走

大空を舞う鳥の気分に浸るスカイライン道

和気郡和気町

オススメ度 ★★★★☆ ※上級者向き

魅力満喫度

400点満点 **270点**

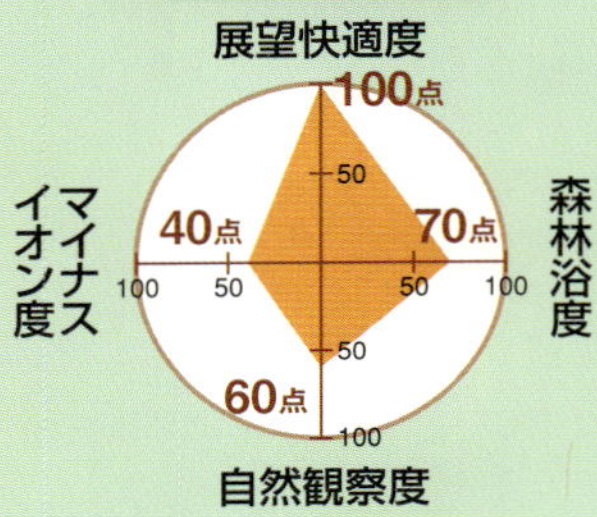

その他の魅力

和文字焼きまつり：京都の大文字の送り火と時を合わせて毎年8月16日午後8時、和気アルプスの一部でもある観音山の山麓で「和」の火文字が点火される。「和」の文字は「和気町」の「和」を表すとともに、京都「大文字」の「大」とあわせて「大和《やまと》」をイメージ。和文字の点火とともに、千発を超す花火も上がり、この夜の和気町は「炎の祭典」で盛り上がる。

コースデータ

- 徒歩総時間……５時間
- 標高…………370m（神ノ上山）
- 楽しめる期間…９～11月の入山禁止期間を除く通年
- お勧めの季節…ツツジ開花４月
- 歩行距離………８キロ
- 累積標高差…上り約500m、下り約450m

温泉データ　泉質：アルカリ性単純温泉

和気鵜飼谷温泉

☎0869-92-9001　和気郡和気町益原666-1

コースの特徴

和気アルプスとは、一番南に位置しているピーク・和気富士山から、北方向へ10を超える標高１００m台から２００m台の小ピークを越えて、このルート最高所である神ノ《こうの》上山《うえやま》へ至る尾根を歩く縦走コースの通称である。標高は低いとはいえルート上には、急峻なアップダウンの坂、岩場、樹海などがあり変化に富む。

小さなピーク群の俗称も「和気富士」「穂高山」「涸沢峰」「槍ケ峰」など本場・日本アルプスを想起させる命名で心憎い限り。だが実際に縦走してみると、両サイドに展開する巨大な奇岩群や岩の壁、そして見晴らしの効く岩尾根の景観はまさにアルプス級といっても過言ではない。

スタート地点から登山口である和気建具店近くの取り付きまで約15

（上）圧巻の縦走路
（右下）和気富士への登山口　（中下）和気富士山頂付近からの展望　（左下）和気中学への下山路

分。この取り付きから、神ノ上山までは分岐標識もしっかりしており、見落とさない限りは迷うことはないだろう。

【アクセス】山陽自動車道・山陽ＩＣから登山口の金剛川・河原駐車スペースまで車で約 40 分
【問い合わせ先】和気商工会本部　☎ 0869-93-0522

最寄りの施設

特別史跡　旧閑谷学校
☎ 0869-67-1436
開門時間：9:00 ～ 17:00
休館日：12 月 29 日～ 31 日
閑谷学校は江戸時代に岡山藩主・池田光政によって創建された、庶民の学問所。現在では講堂が国宝に認定され、聖廟や閑谷神社、石塀などが重要文化財に指定。

大山滝吊橋

里地

日本の滝百選

48

大山滝《だいせんたき》への森の道

神秘の二段滝に至る潤いの森

東伯郡琴浦町

オススメ度 ★★★★☆

魅力満喫度

400点満点 **350点**

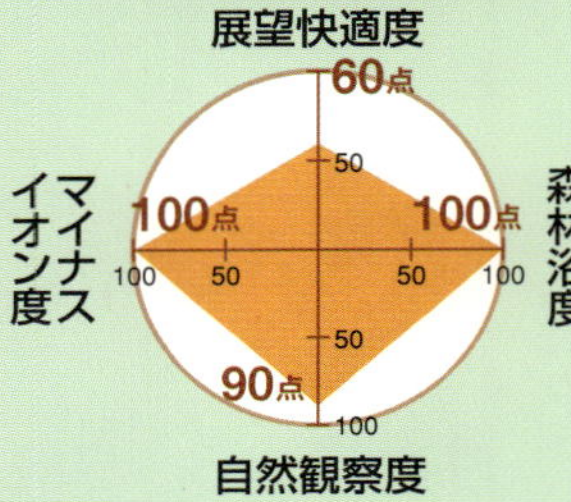

その他の魅力

一向平《いっこうがなる》キャンプ場：歩きはじめの駐車スペース近くにある。森林体験・交流センターやバーベキュー広場などがあり、大山滝と近隣の山歩きなどの組み合わせを1泊2日行程でする際の宿泊地として活用できる。☎0858-57-2100　4月上旬～11月

コースデータ

■徒歩総時間……２時間
■標高…………650m（大山滝）
■楽しめる期間…4～11月
■累積標高差…上り下りとも370ｍ
■お勧めの季節…新緑５月・盛夏・紅葉10～11月
■歩行距離………3.5キロ

温泉データ

泉質：等張性中性高温泉

大山伽羅温泉
☎0859-52-3333　西伯郡大山町大野湖畔 レークホテル内

コースの特徴

大山滝は、山陰の名峰である大山の東側にあり、加勢《かせ》蛇川《ちがわ》上流にある。3段の滝であったが、1934年室戸台風による大雨洪水の被害を受けて、段差が2段になったといわれる。上段の滝は28m、下段の滝は14mの落差のある豪壮な名瀑。

歩きはじめは、一向平キャンプ場駐車場である。しばらくは平坦な整備された幅広の道を歩く。途中から、夏は密林のように生い茂る樹林の中の道となる。大山滝吊橋への急な坂を手すり付き階段で下って行く。

吊橋を渡ってからは、山腹の巻き道となり苔むしたお地蔵さまの出迎えを受ける。このあたりの森には、かつてタタラ製鉄に従事する人や木地師が住んでいた。その史実を示す標識もある。森の道から左手下に降りる木の階段を行くと滝壺を見おろ

す滝見台がある。スタート地点からわずか片道60分弱の道のりだが、変化に富んだこの森の道は、必ずや心身に潤いを与える時間となるだろう。

（左上）巨木が静かに佇む森　（右）大山滝
（左中）木地師が住んでいた森　（左下）苔むしたお地蔵さま

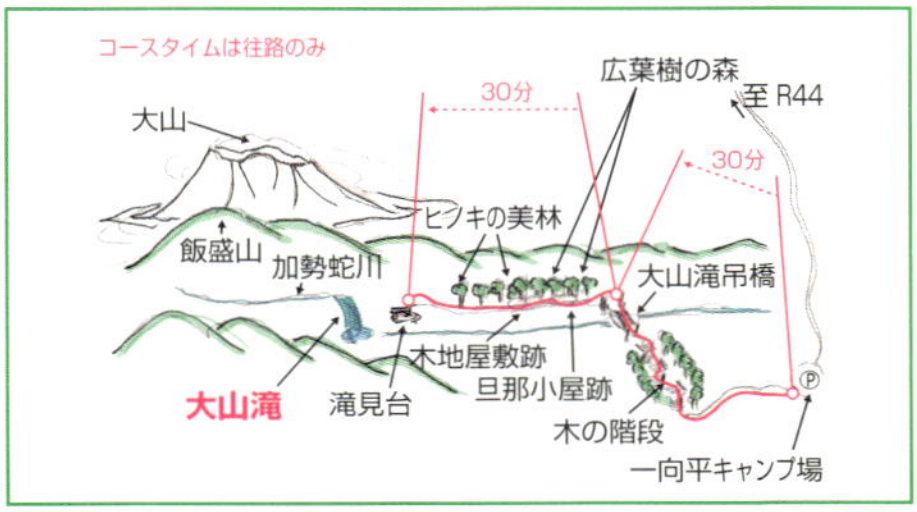

【アクセス】米子自動車道・米子 IC から国道９号、県道 44 号経由、一向平キャンプ場まで車で約１時間 10 分
【問い合わせ先】琴浦町役場商工観光課
☎ 0858-55-7801

最寄りの施設

道の駅 ポート赤崎
☎ 0858-49-2020
営業時間：9:30 ～ 17:30
※コーナーによって営業時間は異なる
大山滝への帰路に立ち寄りたい道の駅。日本海の海産物や二十世紀梨、スイカなども購入できる。韓国をテーマにした風の丘公園や日韓友好資料館なども隣接地にある。

里地・里山

断崖絶壁の壮観

49

船《せん》上《じょう》山《ざん》

後醍醐天皇ゆかりの里山を歩く

東伯郡琴浦町

登り終えて記念撮影

オススメ度 ★★★★☆

魅力満喫度 〔歴史文化堪能度 90点〕

400点満点 300点

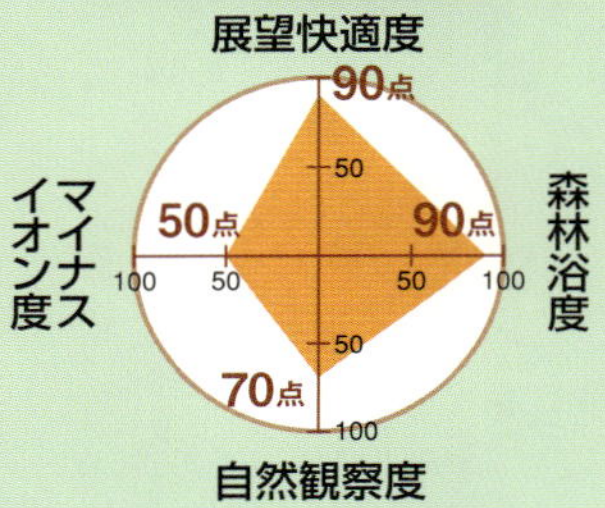

その他の魅力

船上山少年自然の家：登山口にある研修施設。施設から船上山の断崖絶壁が遠望できる。5人以上のグループは、研修や会合、宿泊などに利用できる。駐車場、トイレあり。

☎ 0858-55-7111

コースデータ

■徒歩総時間……3.5 時間

■楽しめる期間…5 ～ 11 月

■お勧めの季節…新緑 5 月・紅葉 10 ～ 11 月

■歩行距離………5.2 キロ

■標高…………616 m

■累積標高差…433 m

温泉データ

泉質：アルカリ性単純泉

淀江ゆめ温泉

☎ 0859-56-6798　米子市淀江町福岡 1547

コースの特徴

この山の魅力は大きく2つある。1つめは、中国山地では類を見ない奇怪な山容である。登山口である少年自然の家から頂上方面を見上げると、そこには「ミニ・グランドキャニオン」のような断崖絶壁が屏風を開いたように迫ってくる。そして、その絶壁の上部は、緑色の平坦な樹林帯で縁取りされている。

2つめは、その山域の歴史的出来事である。この山は、和銅年間（708〜715年）に智積上人らによって智積寺として開基されたと伝えられ、平安仏教の山岳霊場として多くの人々の信仰を集めた場所である。

また、南北朝時代には、この地の豪族・名和長年が隠岐を脱出した後醍醐天皇を迎え、船上山に行宮を築いたとされる。さらに、鎌倉幕府方

（上）船上神社・奥の院
（右下）奇怪な山容の船上山　（中下）船上神社　（左下）寺坊跡の道

との「船上山の戦い」があった古戦場としても有名。
登山ルートは、少年自然の家から「東坂コース」経由で頂上へ。

最寄りの施設

道の駅 ポート赤崎
☎ 0858-49-2020
営業時間：9:30 ～ 17:30
※コーナーによって営業時間は異なる
船上山への帰路に立ち寄りたい道の駅。日本海の海産物や二十世紀梨、スイカなども購入できる。韓国をテーマにした風の丘公園や日韓友好資料館なども隣接地にある。

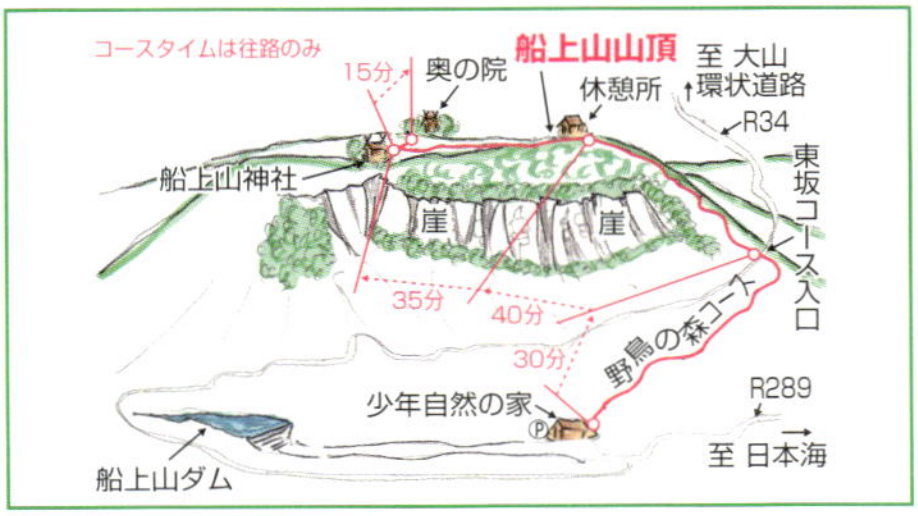

【アクセス】 米子自動車道・米子 IC から国道９号、大山環状道路 34 号経由、船上山少年自然の家まで車で約 1 時間
【問い合わせ先】 琴浦町役場商工観光課
☎ 0858-55-7801

表参道との出合い

里山

日本百名山

50

石《いし》鎚《づち》山《さん》

西日本最高峰であり修験道の地でもある

西条市・上浮穴郡久万高原町

オススメ度 ★★★★★

魅力満喫度 〔歴史文化堪能度 90点〕

400点満点 330点

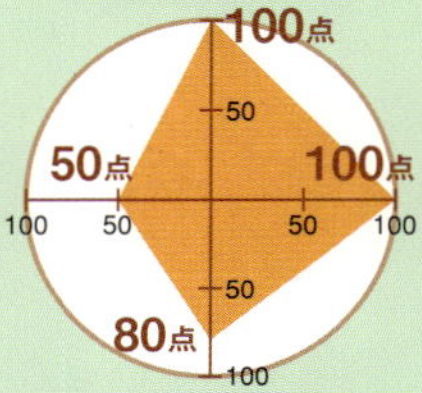

その他の魅力

修験の鎖場：登山道脇には、3か所の鎖場があり、下から「一の鎖」(33 m)、「二の鎖」(65 m)、最後は「三の鎖」(67 m)と続く。山岳修験の行場であり危険度も高いので、初心者にはお勧めできない。

コースデータ

- 徒歩総時間……5 時間
- 楽しめる期間…5 ～ 11 月
- お勧めの季節…新緑 5 月・紅葉 10 月
- 歩行距離………9.2 キロ
- 標高…………1970 m
- 累積標高差…478 m

温泉データ

泉質：弱アルカリ性単純泉

国民宿舎古岩屋荘

☎ 0892-41-0431　上浮穴郡久万高原町直瀬乙 1636

コースの特徴

石鎚山は、奈良時代から山岳信仰・修験道の山として全国にその名を知られていた。役小角や空海も修行したとされる。深田久弥の日本百名山のひとつであり、日本七霊山のひとつにもリストアップされている。この山への登山ルートは大きく2つに分けられる。

1つは、ロープウエイで成就社へ上がり、そこから歩きはじめる「表参道コース」。このコースはアップダウンの激しい山道で体力が必要である。それに比べて今回紹介するもう1つの「裏参道コース」は、行程の大半が緩やかな尾根筋伝いの道。表参道ルートに比べて標高差が少なく、体力的に負担が少ないので初級レベルの人でも安心できるルートである。

登山は、石鎚神社・土小屋遥拝殿

（上）弥山山頂からの大展望
（右下）前方に主峰群が見える　（中下）巨樹の森　（左下）鉄製階段

左手から始まる。樹林帯のおだやかな坂道を抜け、表参道との出合いからは急峻な道と変化する。

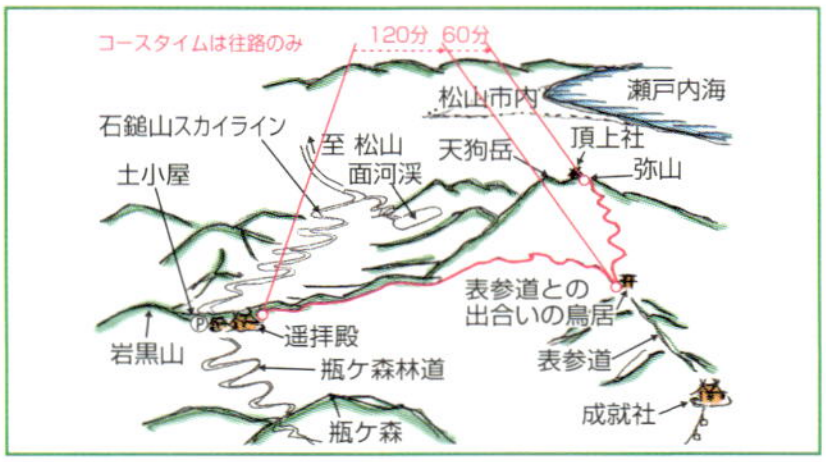

【アクセス】松山市内から国道33号で久万高原町を抜け県道石鎚スカイライン経由、登山口まで車で約2時間
【問い合わせ先】久万高原町観光協会
☎0892-21-1192　（久万高原町役場内）
石鎚スカイライン道路情報（※冬季閉鎖）：久万高原土木事務所　☎0892-21-1210

最寄りの施設

国民宿舎古岩屋荘
☎0892-41-0431
登山口にある宿泊施設。温泉もあり登山後の疲れを癒すこともできる。遠方からの登山の場合に前日の宿泊地としても最適。建物に隣接する駐車場奥からは、登山道へのショートカット道があり便利。

里地・里海

日本農村百景

51

遊子《ゆす》の段畑《だんばた》

宇和海に石積みのピラミッド景観を訪ねる

宇和島市

まるで円形コロッセウム

オススメ度 ★★★★☆

魅力満喫度 〔歴史文化堪能度 100点〕

400点満点 220点

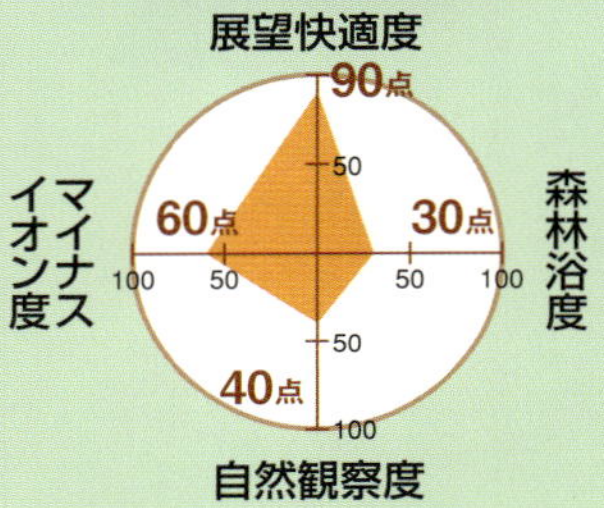

その他の魅力

NPO 法人 段畑を守ろう会：地元の有志たちによって、石積みの修復や畑のオーナー制度、収穫祭（ふるさとだんだん祭り）の開催や、交流施設（だんだん茶屋）の運営などを行っている。段畑を歩きながら案内してくれるガイドさんも養成。☎ 0895-62-0091（だんだん茶屋、土日祝のみ）

コースデータ

■徒歩総時間……1 時間
■標高…………10 ～ 30 m
■楽しめる期間…通年
■累積標高差…ほとんどなし
■お勧めの季節…8 月段畑ライトアップ時
■歩行距離………1 キロ

温泉データ　泉質：弱アルカリ性低張性温泉

津島やすらぎの里
☎ 0895-20-8181　宇和島市津島町高田甲 830-1

コースの特徴

「耕して天に至る」と形容されるだんだん畑。ここ水荷浦《みずがうら》では、だんだん畑のことを「段畑」と呼んでいる。美しい宇和海に臨む丘の斜面に、幅・高さとも1mほどの石垣がはるか丘の頂まで続く。

入り組んだ小さな湾に面して、美しい曲線を描くだんだん畑の景観は、農水省選定の「日本農村百景」に選ばれ、２００７年には全国で３例目の「国の重要文化的景観」に選定されている。

それは、この土地に住む人たちが、急な山の斜面を拓いてきた苦労の歴史の賜物でもある。それだけに、単なる景観美にはない「蓄積された風土」の魅力も同時に感じさせる。丘斜面の開墾が始まったのは、この土地の人口が増えてくる江戸時代の終わりころ。開拓の最盛期は、

（上）入り江と岬、そして美しい曲線美
（右下）耕して天に至る　（中下）地元ガイドと一緒にウォーキング　（左下）目の前には宇和海

8900枚という膨大な数の畑が丘全体を占めていた。
耕作物もサツマイモ、養蚕、ジャガイモと変化してきている。

最寄りの施設

道の駅 きさいや広場

☎0895-22-3934
営業時間：9:00 ～ 18:00
年中無休
宇和島道路朝日町 IC のすぐ近くにあり、遊子地区からの帰途に立ち寄るには便利。宇和島港にも隣接しているので新鮮な海産物などもある。

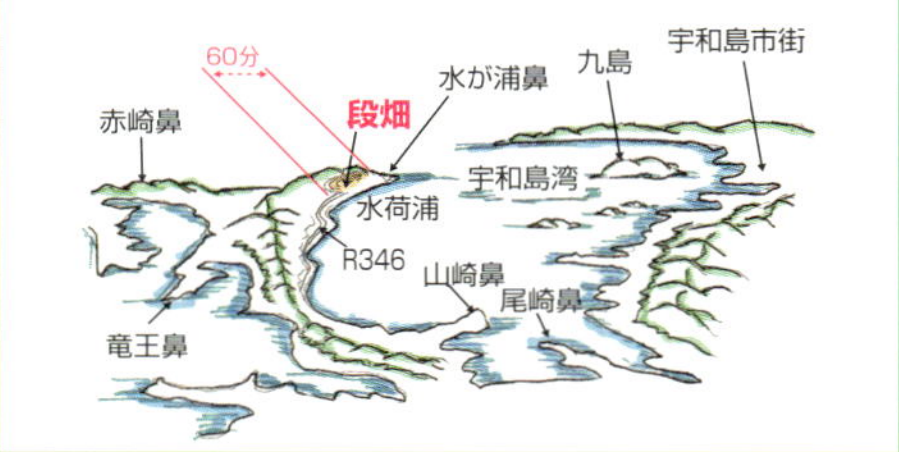

【アクセス】宇和島自動車道・宇和島南 IC から県道 37 号・345 号経由、車で約 40 分
【問い合わせ先】NPO 法人 段畑を守ろう会
☎0895-62-0091
宇和島市観光協会 ☎0895-22-3934

森の国ホテル

里地

日本の滝百選

52

滑《なめ》床《とこ》渓《けい》谷《こく》

苔むす渓谷から雪《ゆき》輪《わ》の滝《たき》へ

北宇和郡松野町

オススメ度 ★★★★☆

魅力満喫度

400点満点 **290点**

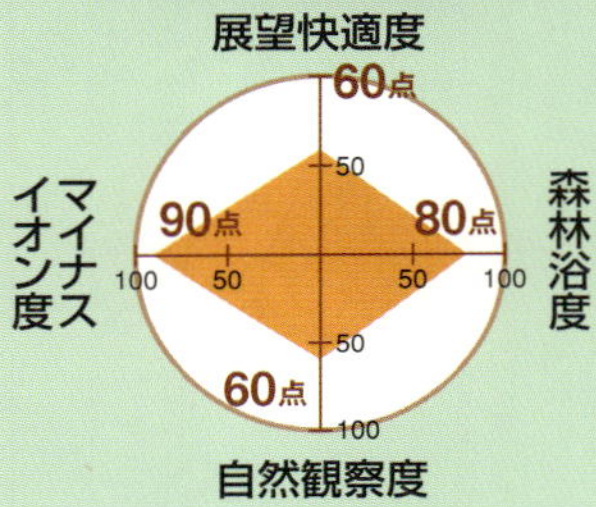

その他の魅力

NPO法人森の国ネット：滑床渓谷の散策歩きから登山、ロープ木登り、キャニオニングなどアウトドア体験プログラムをウェブサイトにて総合案内している。

コースデータ

- 徒歩総時間……2.5 時間
- 楽しめる期間…4 ～ 11 月
- お勧めの季節…盛夏の避暑・11 月の紅葉
- 歩行距離………4.5 キロ
- 標高…………10 ～ 30 m
- 累積標高差…渓谷沿いの道ほとんどなし

温泉データ

泉質：低張性弱アルカリ性冷鉱泉

森の国ホテル

☎ 0895-43-0331　北宇和郡松野町目黒滑床渓谷

コースの特徴

滑床渓谷とは、清流として全国に名高い四万十川の上流にある。鬼ケ城山系に刻まれた全長12㎞に及ぶ大渓谷。

特にコースの中でのポイントは、「雪輪の滝」である。花崗岩の一枚岩を流れ落ちる際、細かな段差で生じた水紋が、まるで雪の輪のように見えることからこの名がついている。歩きはじめの万年橋から上流に約1・2キロの場所にある。遊歩道の対岸に見える滝部分は、ほんの80m前後だが、実際には落差300m、幅は20mにも及ぶ名瀑である。水の流れる一枚岩が緩斜面となっているため、雪の輪がゆっくりとしたリズムで滝壺に落下していく景観には、思わず見惚れてしまうことだろう。

さらに上流へ1キロほど進むと河原に大きな一枚岩が現れる。この千

（上）雪輪の滝
（右下）歩きはじめ、万年橋付近　（中下）苔むした渓谷内の道　（左下）千畳敷

畳敷と呼ばれる平らな岩の上でしばしの休息をとった後、往路を万年橋まで戻ろう。

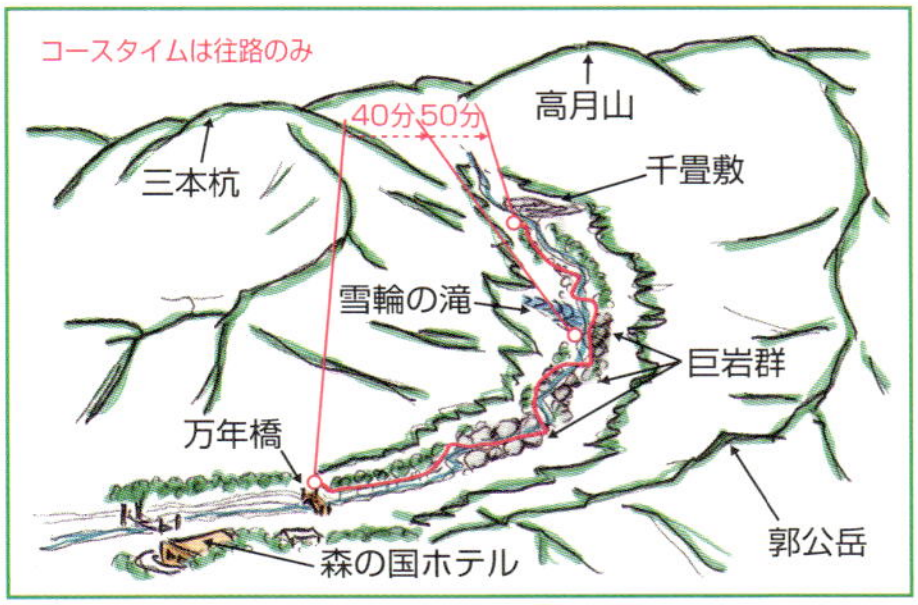

【アクセス】 宇和島自動車道・宇和島北ICから県道317号、国道320号経由、森の国まで車で約1時間
【問い合わせ先】 松野町企画振興課　☎ 0895-42-1116

最寄りの施設

森の国ホテル
☎ 0895-43-0331
滑川渓谷は、人里離れた山奥にある。滑床渓谷まで自宅から日帰り可能な方にも、この森の中にある一軒屋的ホテルでの宿泊を勧めたい。森と川に囲まれた自然豊かな場所にあるので、夜は絶対的な静寂世界に包まれる。

里地・里山

東洋のマチュピチュ

53 別子《べっし》銅山《どうざん》・東平《とうなる》

湧き立つ雲の上で近代産業遺産を訪ねる

新居浜市

マイントピア別子にある鉱山トンネル入り口

オススメ度 ★★★★☆

魅力満喫度（歴史文化堪能度 100点）

400点満点 260点

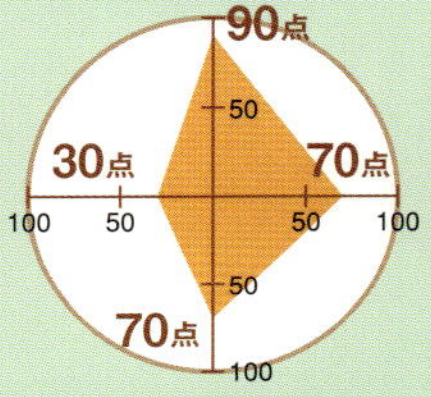

その他の魅力

マイントピア別子：別子銅山の総合案内施設が東平エリアに行く前にある。鉱山鉄道車両に乗車したり、歩いて銅山跡の見学や砂金採りなどの体験もできる別子鉱泉はこの施設内にあり、東平への連絡バスもここが発着地点。☎0897-43-1801

コースデータ

- 徒歩総時間……２時間
- 楽しめる期間…通年（12～２月除く）
- お勧めの季節…５月のツツジ開花時期
- 歩行時注意………220段の階段あり
- 標高…………750m
- 累積標高差…約50ｍ前後（貯蔵庫へは下り階段）

温泉データ

泉質：低張性中性冷鉱泉

別子鉱泉

☎0897-43-1801　新居浜市立川707-3

コースの特徴

「東洋のマチュピチュ」という名前で脚光を浴び始めている。本場ペルーの遺跡とは、石積みの遺構やその高度感と廃墟感で似ている部分がある。しかし、廃墟感を感じるといっても、このエリアの銅山閉山は１９７３年と意外にも近年の出来事。

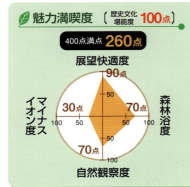

同地区で１６９０年に鉱脈が発見されて以来、東平は住友財閥の屋台骨的存在で、最盛期には社員やその家族５千人前後が居住し、学校・病院・娯楽場・プールなど下界に下りなくとも一年を過ごすことのできる一大鉱山町だった。そんな日本の近代産業の花形でもあった別子銅山を巡るには、まず下界にあるマイントピア別子から始めよう。

ここには銅山トンネルの中に、江戸時代から近代までの銅山採掘の歴

（上）東洋のマチュピチュの名にふさわしい光景
（右下）銅山採掘トンネル跡　（中下）貯蔵庫跡　（左下）５月にはツツジが咲き誇る

史が模型人形などにて案内されている。そこで事前知識を得たのち、連絡バスで東平地区へと移動し、各所を巡りたいものである。

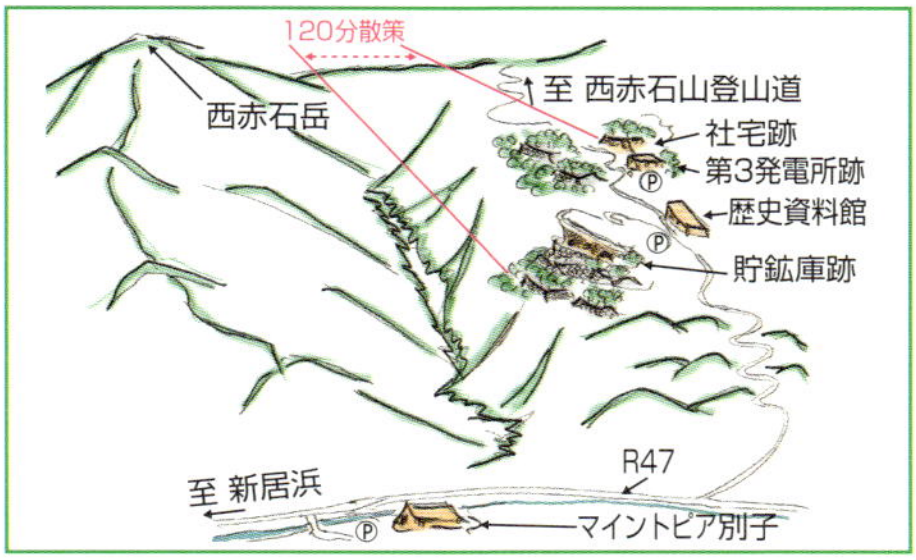

【アクセス】松山自動車道・新居浜ICから県道47号経由、車で約40分
【問い合わせ先】マイントピア別子　☎0897-43-1801
新居浜市運輸観光課　☎0897-65-1261

最寄りの施設

東平歴史資料館
☎0897-43-1801（マイントピア別子）
休館日：月曜（月曜が祝日の場合は翌日）＊12月1日～2月末日まで東平エリア施設は休館
野外にある各遺構群を巡る前には、必ずこの資料館に立ち寄りたい。

里地・里海

坂の上の雲
ゆかりの地

54

芸《げい》予《よ》要《よう》塞《さい》・小《お》島《しま》

日露戦争遺跡に明治の面影を辿る

今治市

亀老山から見る小島

オススメ度 ★★★☆☆

魅力満喫度 〔歴史文化堪能度 80点〕

400点満点 220点

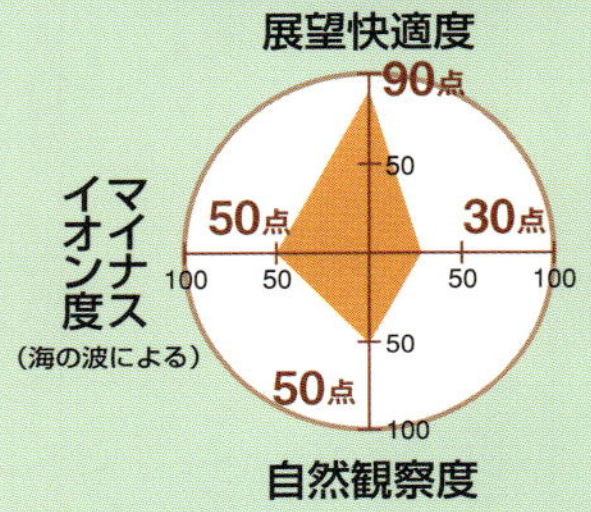

その他の魅力

この島を含む来島海峡の全貌を見おろす絶好の展望台がある。しまなみ海道沿いの大島にある標高308mの亀老山。山頂近くまで車で行くことができ、山頂には、建築家・隈研吾氏が設計した展望台がある。この展望台からは、瀬戸内海の島々、四国山脈までが360度のワイドビューで出迎えてくれる。夕暮れ時に訪れてみたい場所。

コースデータ

- 徒歩総時間……２時間
- 楽しめる期間…通年
- お勧めの季節…３月・椿開花時期
- 歩行距離………7キロ
- 標高…………100 m
- 累積標高差…100 m

温泉データ　泉質：含弱放射能鉱泉

多々羅温泉

☎ 0897-87-4100　今治市上浦町井口 7848-1

コースの特徴

来島海峡に浮かぶ周囲3キロほどの小さな島。現在は人口数十人程度のひっそりとした過疎の島だが、明治後年にこの島と広島県大久野島に巨大な要塞が構築されたことを知る人は少ない。

ロシアとの緊張が高まり、日露開戦の暗雲が立ち込めてきた１８９７年、当時の日本政府はロシア海軍の瀬戸内海への進攻に備えて、この両島に砲台要塞の建設を開始する。

日本海から瀬戸内海への侵攻を想定するほど、当時、ロシアへの脅威は相当のものだったにちがいない。その後、対馬沖にてバルチック艦隊を撃破し、日本の内海へのロシア海軍侵攻の可能性がなくなり、これら要塞の役割はなくなってしまう。

そこで、この小島要塞の中部砲台に備え付けられていた28センチ

（上）山頂にある司令塔跡
（右下）来島海峡大橋と小島の島影　（中下）椿の遊歩道　（左下）地下兵舎跡

榴弾砲２門が旅順に運ばれることになる。この巨砲が、激戦地であった２０３高地の戦いを勝利へと導くのである。

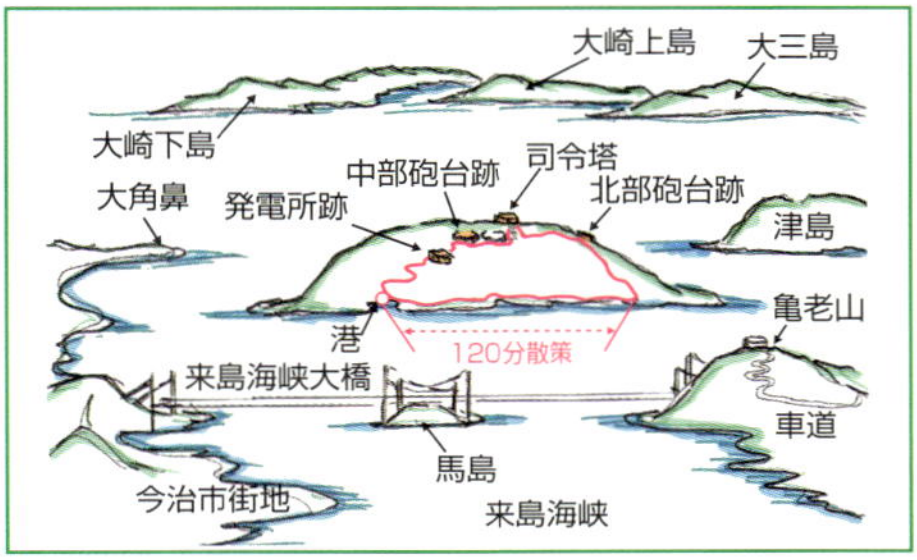

【アクセス】今治市波止浜観光港（西瀬戸自動車道〈しまなみ海道〉・今治北 IC から車で約 10 分）から船で 10 分※切符は自動販売機で
【問い合わせ先】今治地方観光協会　☎ 0898-22-0909

最寄りの施設

道の駅 今治湯ノ浦温泉

☎ 0898-47-0990

道の駅名に温泉がついているが、入浴施設ではなく、全国でも珍しい温泉水のセルフスタンドがある。しまなみ海道や今治市周辺の情報コーナー、地元の特産品販売所、レストランも。小島への発着地点である波止浜観光港から車で 30 分。

里山

雲上の楽園世界

55

瓶《かめ》ケ《が》森《もり》

西条市

広大なササの尾根筋から霊峰・石鎚山を遠望

頂上に到着

オススメ度 ★★★★☆

魅力満喫度

400点満点 **270点**

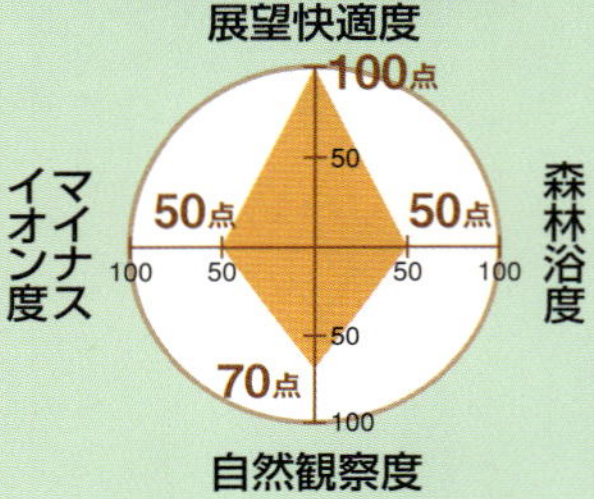

その他の魅力

瓶ケ森林道：登山のアプローチとして使うこの道は、地元では「UFO ライン」とも呼ばれる。その名の通り、晴れた日には天空の道ドライブとなり、土佐湾から四国山脈を空中から眺めている気分に。この道のドライブだけでも十分満足感を覚える。

コースデータ

- 徒歩総時間……3 時間
- 楽しめる期間…4 ～ 11 月
- お勧めの季節…新緑 5 月・避暑の 7 ～ 8 月
- 歩行距離………2.6 キロ
- 標高…………1896 m
- 累積標高差…227 m

温泉データ

泉質：含鉄ナトリウム塩化物温泉

木の香温泉

☎ 088-869-2300　高知県吾川郡いの町桑瀬 225-16

コースの特徴

霊峰・石鎚山を東側から眺める絶好の展望地。晴れた日は、石鎚連峰のみならず、四国の主要な山岳地域、瀬戸内海に浮かぶ島々まで３６０度の大パノラマが頂上から展開する。

この山の魅力は山頂からの展望にとどまらない。上り坂の下から見上げると、天まで届かんばかりに広大な緑の笹原が頂上稜線まで広がる。氷見二千石原《ひみにせんごくはら》と呼ばれる、その広大な笹原には、ところどころに朽ちた白骨樹が棘のように突き刺さっており、まるで北の大地のような風景も堪能できる。

瓶ケ森という一風変わった山名の由来は、西側の山麓にある湧水のたまる瓶壺とされる。山頂とされるのは女山《めやま》と呼ばれる。瓶ケ森林道沿いの登山口をスタートしてほどなくすると、右手に頂上稜線が展望できるトラバース道

（上）頂上から男山への縦走路
（右下）ササの原を歩く　（中下）心地よい展望道　（左下）頂上からの下山道

となる。ヒュッテ（廃屋）からは氷見二千石原の上り坂となり、背後に石鎚山の雄姿が姿を現す。頂上からは、男山方面への下山ルートをとる。

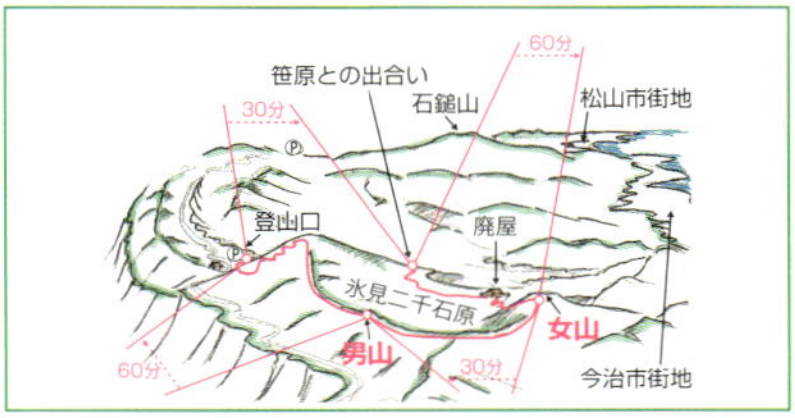

【アクセス】 松山自動車道・伊予西条 IC から国道 11 号・194 号で旧寒風山トンネルを抜け、瓶ケ森林道経由、車で約 1 時間３０分
＊瓶ケ森林道は、冬季（12 月～ 4 月上旬）は閉鎖
【問い合わせ先】 西条市役所商工観光課
☎ 0897-56-5151（代）
いの町観光協会　☎ 088-893-1211

最寄りの施設

木の香温泉
☎ 088-869-2300
旧寒風山トンネルを高知県側に抜けてしばらくすると、右手の川べりに建物が見えてくる。瓶ケ森林道入り口にも近く、温泉もあるので登山の前後には立ち寄ってみたい。周辺の最新道路情報なども入手できる。

椿山展望台

里地・里海

日本一細長い半島

56

佐田《さた》岬《みさき》・灯台への遊歩道

豊予海峡を挟んで九州・国東半島などを遠望

西宇和郡伊方町

オススメ度 ★★★★☆（4.5）

魅力満喫度

400点満点 **320点**

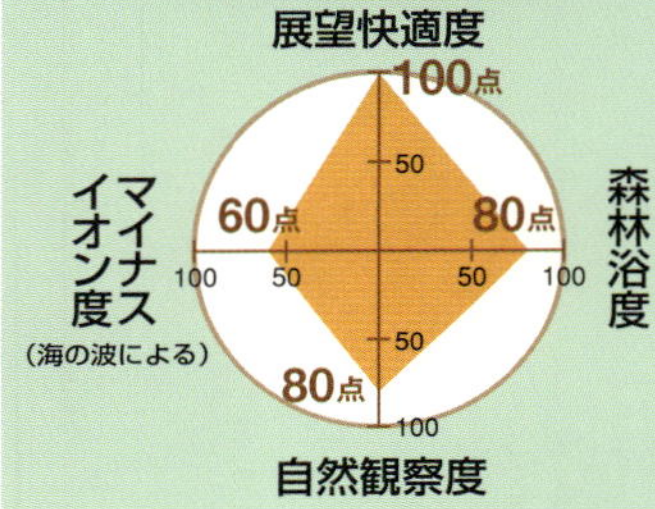

その他の魅力

佐田岬メロディーライン：岬へのアプローチに通過するこの道は、尾根に沿って半島の付け根から先端まで伸び、両サイドには海洋の絶景が連続していく。風の強い地形を利用した風車が点在するのも特徴的な沿道風景。国道197号の八幡浜市から西宇和郡伊方町まで38.9キロの区間の通称名である。

コースデータ

■徒歩総時間……2時間　■標高…………30m（佐田岬灯台）
■楽しめる期間…通年　■累積標高差…約40m（灯台へは下り坂）
■お勧めの季節…冬～早春ヤブ椿の開花時期
■歩行距離………2.5キロ

温泉データ　泉質：弱アルカリ性低張性温泉

亀ケ池温泉
☎0894-39-1160　西宇和郡伊方町二見甲1289

コースの特徴

冒頭から数字の案内で恐縮だが、日本は島国であり、その海岸線は本土域（北海道・本州・四国・九州）だけでも1万9千キロ強にも及ぶ。地球一周が約4万キロなので、その膨大な海岸線の長さにあらためて驚く。

そのうち約100キロ強がこの佐田岬半島。長さが約40㎞もある日本一細長い半島は、先端に行くにしたがってよりその鋭角さを強めていく。北側の伊予灘と南側の宇和海をまるでナイフで切り裂いたように、豊予海峡へと突き出している。よく晴れた日に、半島の突端である佐田岬灯台に立てば、九州の佐賀関半島や国東半島が、手が届くぐらいの至近距離で見られる。

遊歩道はまず県道256号最奥部にある駐車場から始まる。樹林の中

（上）佐田岬灯台
（右下）県道 256 号最奥部　（中下）海辺の道　（左下）豊予海峡を横切る船を遠望する

を小さなアップダウン道が椿山展望台への分岐標識まで続く。椿山展望台から灯台の全景を見おろすことができる。

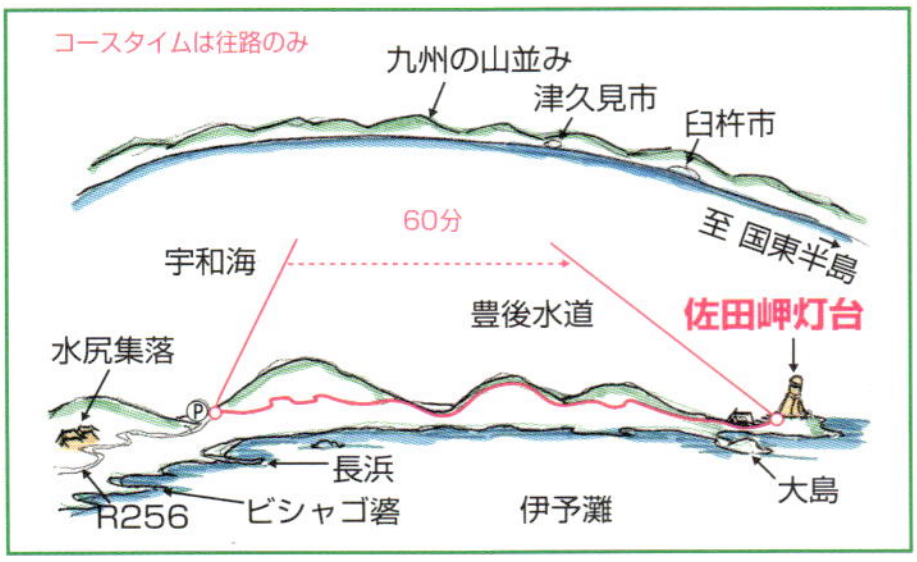

【アクセス】 松山自動車道・大洲北只 IC から国道 197 号（メロディーライン）経由、車で約２時間
【問い合わせ先】 NPO 法人 佐田岬ツーリズム協会
☎ 0894-54-2225

最寄りの施設

道の駅 きらら館
☎ 0894-39-0230
佐田岬メロディーライン・八幡浜付近から約 30 分の距離にある。佐田岬界隈には人家や店舗もほとんどないので、この道の駅で飲料などを購入しておきたい。魚に触ることのできる水槽や、小さいながらも地元の民俗資料展示コーナーもある。

里地・里山

西方浄土での日没

57

鷲《わし》ヶ《が》頭《とう》山《さん》

大山祇神社の背後に聳える多島美を満喫

今治市大三島町

大山祇神社の楠

オススメ度 ★★★★★

魅力満喫度 〔歴史文化堪能度 100点〕

400点満点 260点

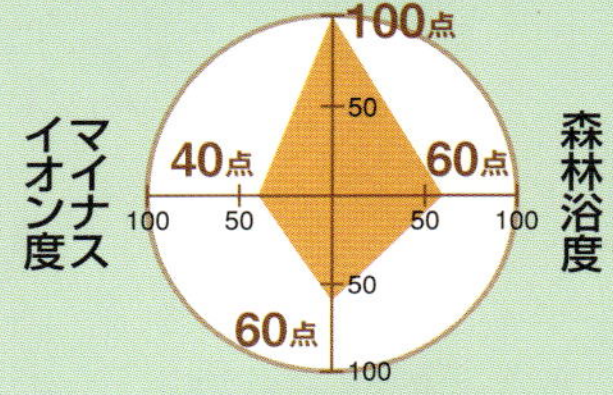

その他の魅力

大山祇神社《おおやまづみじんじゃ》：全国にある山祇神社（大山祇神社）の総本社。主祭神の大山祇神は三島大明神とも称され、山の神・海の神・戦いの神として歴代の朝廷や武将から尊崇を集めた。海上自衛隊、海上保安庁の幹部なども参拝。乎千命《おちのみこと》御手植の楠は、幹周11.1m、根周り20m、樹高約15.6m。神社境内のほぼ中央にある。伝承樹齢2600年。☎0897-82-0032

コースデータ

■徒歩総時間……4.5 時間
■楽しめる期間…通年
■お勧めの季節…冬の夕暮れ時
■歩行距離………9.5 キロ
■標高…………437m
■累積標高差…428m

温泉データ　泉質：含弱放射能鉱泉

多々羅温泉

☎0897-87-4100　今治市上浦町井口 7848-1

コースの特徴

「しまなみ海道・日没タイムに滞在したい里山番付」を作るなら、この山は東の横綱候補だろう。山頂から西方向には、神峰山のある大崎上島や大崎下島など、安芸灘に浮かぶ島々が重なり合って見える。その手前には、これまで歩いてきた安神山からの稜線が緩やかな曲線を描いている。

遥か彼方に見える呉線沿線の山影が淡く染まりはじめると、日没ドラマが幕を開ける。しばし日常の諸事を忘れて、西方浄土を想起させてくれる日没風景に身を浸してみたいものだ。余談だが、山頂近くまで車道が通じているので、この日没風景は歩くことなく労せず鑑賞することができる。

登山は、大山祇神社裏右手の公園が起点となる。安神山を経て頂上ま

（上）日没風景、山頂近くから
（右下）眼下に大山祇神社の屋根　（中下）アルプス的景観　（左下）潮風が吹き抜ける道

では、山火事後の環境整備のために、ほぼラフな舗装道となっている。山頂までは2か所の車道を横切る場面があり、休息場所としても有効である。

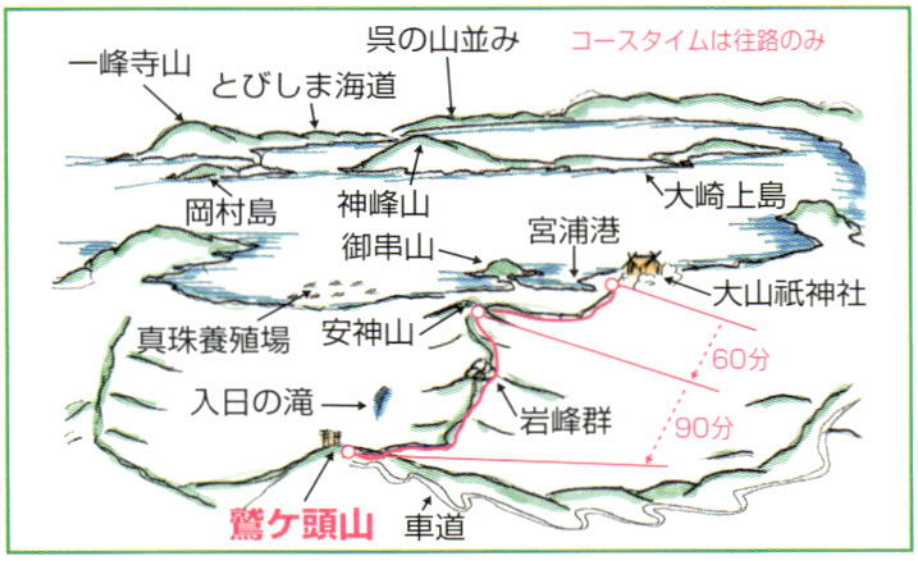

【アクセス】西瀬戸自動車道（しまなみ海道）・大三島IC から国道 317 号、県道 21 号経由、大山祇神社まで車で約 15 分
【問い合わせ先】今治地方観光協会　☎ 0898-22-0909

最寄りの施設

道の駅 多々羅しまなみ公園
☎ 0897-87-3866
大三島 IC を下車すると、すぐ目の前にある道の駅。しまなみ海道の「多々羅大橋」を眼前に望む海辺に位置する。幻の高級魚マハタをはじめ採れたての魚介類や農作物特産品コーナー、レストランもある。鷲ケ頭山への往復路に立ち寄りたい場所。

里山・里海

日本三大急潮流の海峡

58

しまなみ海道《かいどう》と亀老山《きろうざん》

来島海峡を渡る潮風を感じながら海の道を歩く

今治市

橋の上から国立公園を眺める

オススメ度 ★★★☆（3.5/5）

魅力満喫度

400点満点 **160点**

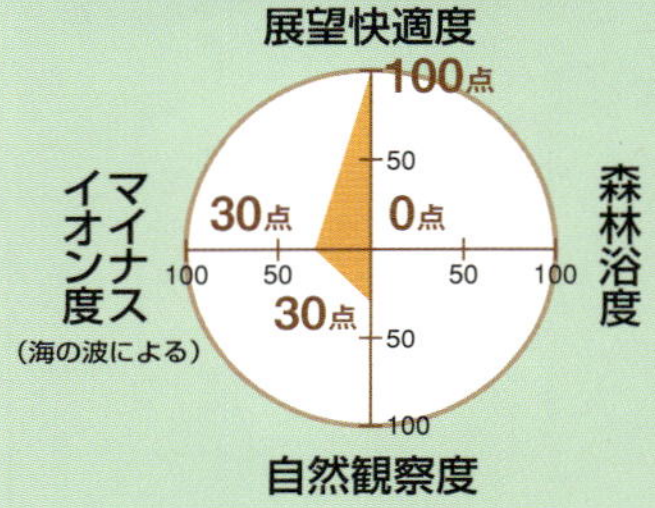

その他の魅力

小島（芸予要塞跡）：本書でも紹介しているが、来島海峡にある周囲約３キロの小さな島。日露戦争前にロシア海軍の瀬戸内侵攻に備えて巨大な要塞を築いた。アクセスは、道の駅のある下田水港からの観光船のみ。

コースデータ

■徒歩総時間……2.5 時間
■標高…………65 m
■楽しめる期間…通年
■累積標高差…ほとんどなし
■お勧めの季節…秋～冬の夕暮れ時（亀老山）
■歩行距離………7 キロ

温泉データ

泉質：含弱放射能鉱泉

多々羅温泉

☎0897-87-4100　今治市上浦町井口 7848-1

コースの特徴

来島海峡は、古くから「一に来島、二に鳴門、三とさがって馬関瀬戸（関門）」といわれる日本三大急潮流の筆頭格。その激しい潮流を、橋桁の上から見おろしながらの海峡ウォークである。瀬戸内海は１９３４年に雲仙や霧島とともに日本初の国立公園の指定を受けている。来島海峡を結ぶこの道は、国立公園の風景を海面から60ｍ強の高さから眺める、日本で唯一のウォーキングコースだろう。

　コースの出発点は、今治側にある糸山公園展望台（駐車場あり）。この展望台からは、来島海峡第三大橋の巨大な橋桁が手に取るように見える。ループ橋を抜けると来島海峡の上に出る。まずは、全長１５７０ｍの第三大橋から渡り始める。馬島からは第二大橋（全長１５１５ｍ）と

（上）亀老山から眺める来島海峡　（右下）糸山公園からの展望
（中下）歩行者は無料、自転車は有料　（左下）橋の途中には休息スペースがある

なり、最後の第一大橋（全長960m）が武志島と大島とを結ぶ。ループ橋を下り左折すれば、道の駅が見えてくる。

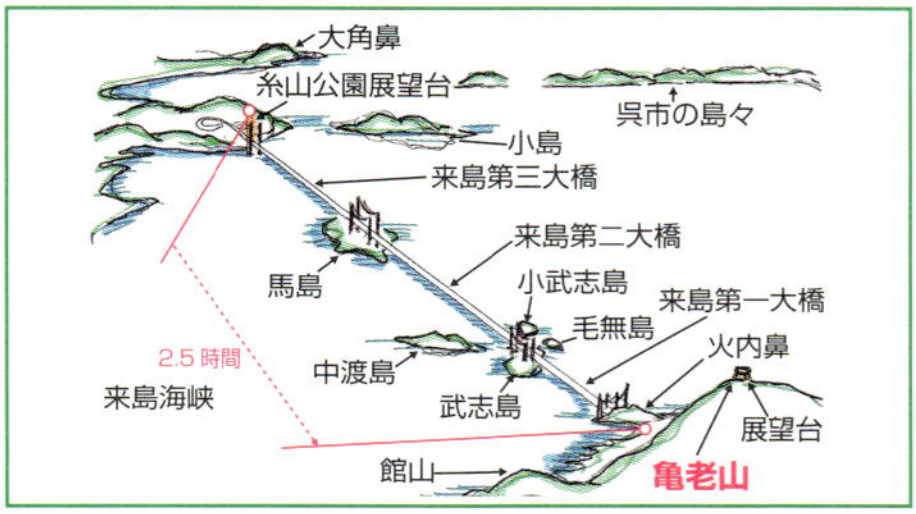

【アクセス】西瀬戸自動車道（しまなみ海道）・今治北IC から糸山公園まで車で約５分
【問い合わせ先】今治市役所観光課
☎ 0898-36-1541　※通行止め情報は、本州四国連絡高速道路株式会社ウェブサイトで確認できる

最寄りの施設

道の駅 よしうみいきいき館
☎ 0897-84-3710
ゴール地点の下田水港にある。新鮮な海鮮料理や七輪バーベキューが、来島海峡大橋を眺望しながら楽しめる。来島海峡の急流を間近に体験できる潮流観光船などの情報も手に入る。

里地・里山

青いレモンの島

59 岩城島《いわきしま》・積善山《せきぜんざん》

天女の羽衣・3千本の桜並木道

越智郡上島町

山頂展望台にて

オススメ度 ★★★½☆

魅力満喫度

400点満点 **190点**

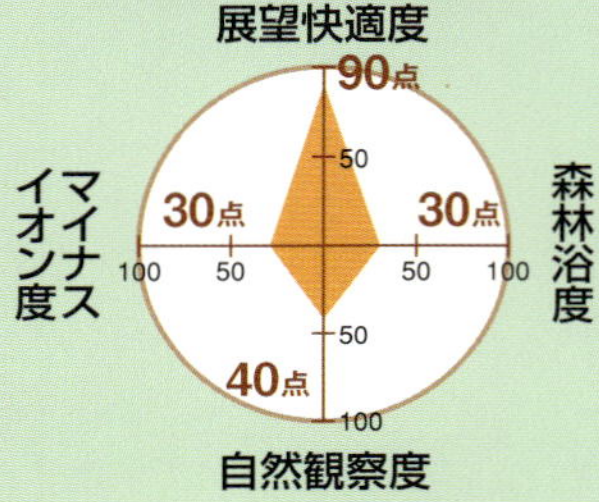

その他の魅力

積善山登山道脇のチューリップ畑：春の積善山への登山では、桜よりも前に、まず色とりどりのチューリップが目を和ませてくれる。岩城桜公園への道の起点となる北集会所からすぐ、民家裏手の場所にある。

コースデータ

■徒歩総時間……4 時間
■楽しめる期間…通年
■お勧めの季節…4 月上旬桜開花時期
■歩行距離………9.8 キロ
■標高…………370 m
■累積標高差…370 m

温泉データ　泉質：含弱放射能鉱泉

多々羅温泉

☎0897-87-4100　今治市上浦町井口 7848-1

コースの特徴

普段は人口2千人強の「橋のかかっていない島」が、桜の開花期間中には島民の数を上回る島外からの観光客で賑わう。4月上旬、対岸の生口島のしまなみ海道を車で走っていると、この島全体が淡いピンク色に染まっているのが見える。

この桜は、この島に生きる人たちの人生の節目記録の賜物なのである。学び舎からの卒業記念、病気の厄払い、結婚記念や古希の祝いなど、それぞれの人生の節目ごとに島民が植樹した。現在もその活動は継承され、小さな苗木は30年後くらいに、次世代の訪問者の目を和ませてくれることだろう。

歩きはじめは、海抜0mの小《お》漕港《こぎこう》。正面に聳える積善山に向かって舗装道路を進むと、北集会所のある十字路に出る。北集会所の左手奥

（上）桜と多島美のコラボ
（右下）洲江港から岩城島を見る　（中下）桜並木道　（左下）桜まつり行事

に続く道を登れば、岩城桜公園の赤い橋が見えてくる。この辺りから天女の羽衣といわれる桜並木が山頂まで連続するのである。

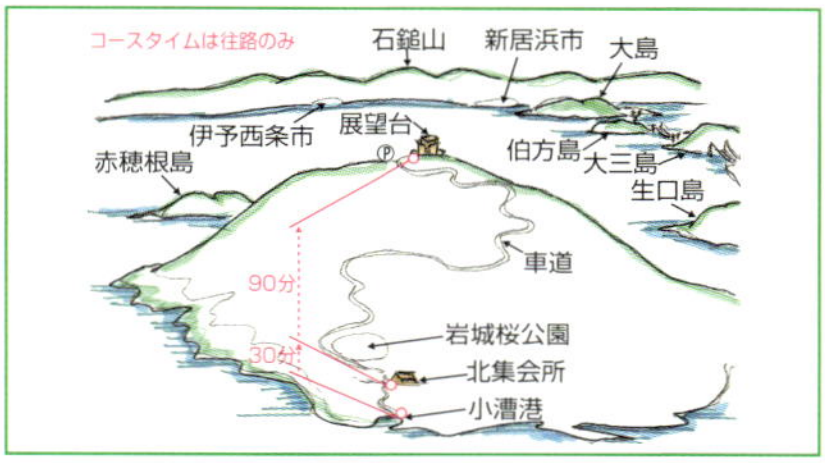

【アクセス】生口島の洲江港からフェリーで 10 分。洲江港へは、西瀬戸自動車道（しまなみ海道）・生島北IC から車で約 10 分。因島の土生港からも船便あり
【問い合わせ先】上島町役場
☎ 0897-77-2500（代）　※桜の開花情報は産業振興課が 1 日ごとの様子をウェブサイトで提供

最寄りの施設

平山郁夫美術館
☎ 0845-27-3800
開館時間：9:00 ～ 17:00
（入館は 16:30 まで）
岩城島に渡る船の発着地となる生口島は、日本画家・平山郁夫氏の生誕地。平山氏の少年時代の絵画など貴重な資料をはじめ下絵なども展示されている。

歩きはじめは、梅檀寺境内裏手の美しい竹林から

里山

えひめの
自然100選

60

世田山《せたやま》～笠松山《かさまつやま》

西条市・今治市

四国曼荼羅霊場の遍路道から天空の尾根道

オススメ度 ★★★★☆

魅力満喫度 〔歴史文化堪能度 80点〕

400点満点 **270点**

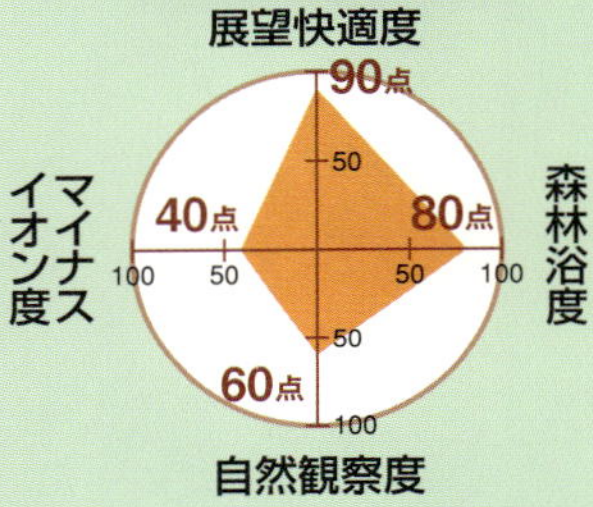

その他の魅力

縦走コース：まるで天空から下界への参道のようだ。笠松山の山頂からくっきりと見える。その道を下りて行くと、往路の世田薬師側ではなく、今治市朝倉へと下山できる。

コースデータ

■徒歩総時間……４時間
■楽しめる期間…４～11月
■お勧めの季節…春・11月の紅葉・冬の陽だまり
■歩行距離………４キロ
■標高…………357m
■累積標高差…約340m

♨温泉データ　泉質：放射能泉

湯ノ浦温泉四季の湯
☎0898-48-0300　今治市湯ノ浦26

コースの特徴

この里山の道は、霊場巡りの遍路道でもあり、古戦場を辿る歴史探訪の道でもある。しかし、忘れてはいけないもう１つの魅力ポイントがある。それは山火事という悲しい出来事による結果だが、２つのピークを結ぶ尾根筋からの展望が一級品であることだ。

ほとんど樹木のない尾根筋からは、瀬戸内海や今治市街地、来島海峡までを見通せる。標高４００ｍにも満たない里山からの眺め度では、四国でもトップクラス。歩きはじめは梅檀寺《せんだんじ》境内裏手の美しい竹林から。

梅檀寺奥の院手前まではジグザグの上り坂。奥の院は、煩悩の数と同じ１０８段の石段の上にある。隣接する大館氏明公墓所横から世田山の頂上までは樹林帯の中を上って行

（上）尾根筋から見る四国山脈グラデーション
（右下）世田山からの尾根道　（中下）笠松山山頂から今治市方面の展望　（左下）笠松山からの縦走下山路

く。ここから笠松山への尾根筋はドラスティックに風景が変わる。
尾根筋は、前述した一級品のパノラマを提供してくれる。

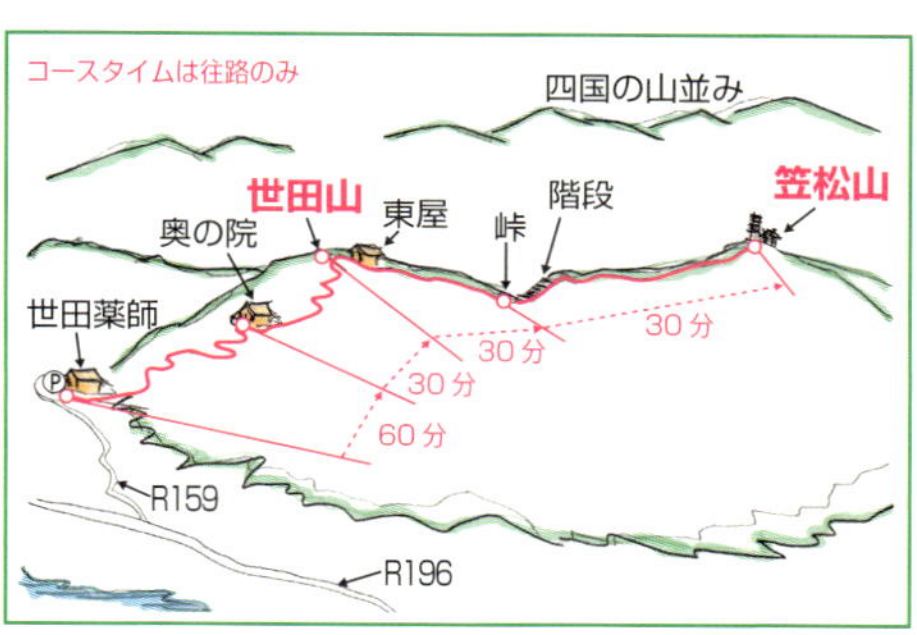

【アクセス】今治小松自動車道・いよ小松 IC から国道196 号、県道 159 号経由、梅檀寺まで車で約 15 分
【問い合わせ先】今治地方観光協会　☎ 0898-22-0909

最寄りの施設

近見山展望台
☎ 0898-36-1541
（今治市役所 観光課）
今治市の背後に聳える標高 244m の里山だが、この山頂まで車でも上がれる。展望台からの眺めは、来島海峡大橋としまなみ海道沿いの小さな島々から今治市街地までの大パノラマ。

里山

徳島県最高峰

61

剣《つるぎ》山《さん》

日本百名山で雲上人となる

三好市

頂上神社でお祓いを受ける

オススメ度 ★★★★☆

魅力満喫度

400点満点 **290点**

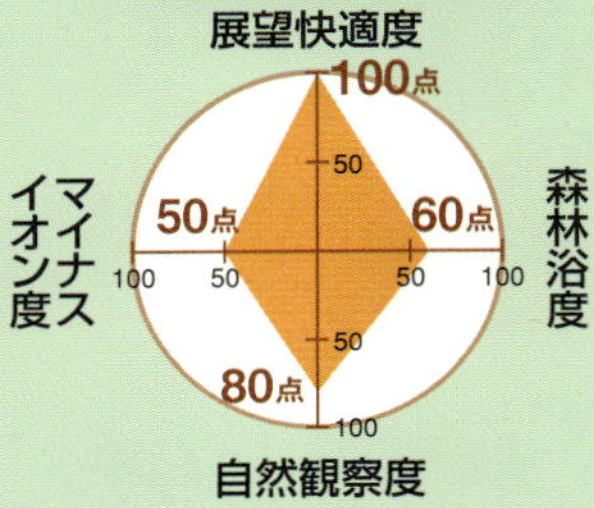

その他の魅力

キレンゲショウマ：剣山山麓の秘境での無垢な少女の成長を描いた、宮尾登美子の小説『天涯《てんがい》の花《はな》』で一躍脚光を浴びた花。剣山の山麓で８月前半に咲き誇る。1990年代後半に連載された新聞小説やNHKドラマで全国にその知名度を広めた。

コースデータ

■徒歩総時間……3.5 時間
■標高…………1955 m
■楽しめる期間…通年
■累積標高差…355 m
■お勧めの季節…キレンゲショウマ開花の８月前半
■歩行距離………3.5 キロ

温泉データ

泉質：塩化物冷鉱泉

剣山木綿麻《ゆうま》温泉

☎ 0883-62-5500　美馬郡貞光町端山字長瀬 127-2

コースの特徴

剣山は、深田久弥著『日本百名山』に掲載された名峰群の中でも、一般の人にとってさほどハードルの高い範疇には入らないだろう。標高２千ｍ足らずの徳島県最高峰へは、意外にも短い時間で到達できる。

実際、山頂に上がってみると家族連れや軽装のハイカーたちの姿が多く見受けられる。とはいえ、高峰ゆえに天候の変化スピードは速く、晴れ間に安心していたらみるみる雲が流れ始め、降雨になることもあるので装備には細心の注意が必要である。

ここでは、一般の人にも無理のないコースを紹介する。まず見ノ越駐車場からチェアーリフトに乗ると約15分で西島駅（標高１７５０ｍ）まで運んでくれる。ここから山頂までは残り標高差２０５ｍ。１時間前

（上）剣山頂上
（右下）キレンゲショウマの花　（中下）チェアーリフト乗り場へ　（左下）頂上に別れを告げて、いざ下山へ

後の上り。頂上直下には剣山頂上ヒュッテがあり、宿泊や食事、飲料購入などもできる。ヒュッテから山頂まではすぐである。

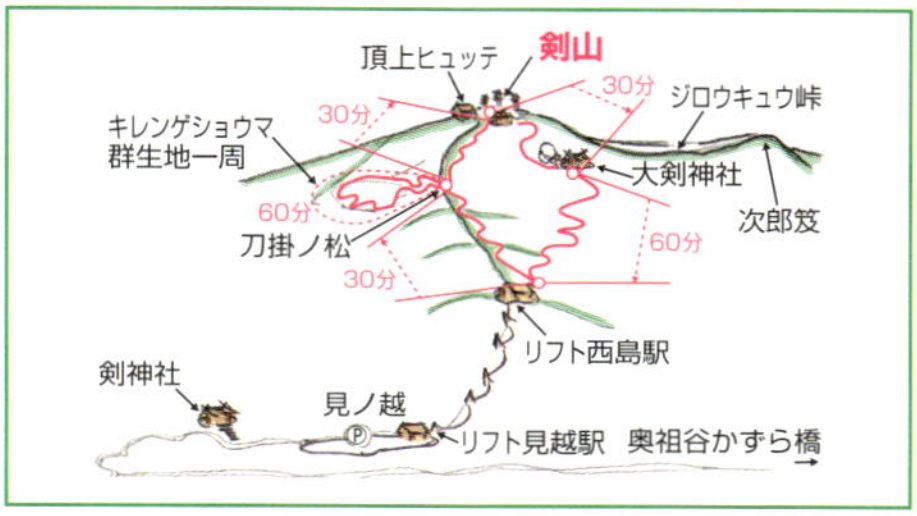

【アクセス】徳島自動車道・美馬 IC から国道 438 号経由、車で約２時間。山道部分は道幅狭い箇所が多い
【問い合わせ先】山については、剣山頂上ヒュッテ
☎ 088-622-0633
リフト運行は、剣山リフト　☎ 0883-62-2772

最寄りの施設

剣山頂上ヒュッテ

標高２千ｍ近い場所での宿泊体験がお勧め。このヒュッテに宿泊して、早朝のご来光を標高２千ｍの高さから眺望できる。剣山から標高 1894m の三嶺《みうね》方面への縦走時の起点ともなる。

小便小僧の立像

里地

日本三奇橋のひとつ

62 祖《い》谷《や》のかずら橋

平家一族の落人悲話を秘める深山渓谷

三好市

オススメ度 ★★★½☆

魅力満喫度 〔歴史文化堪能度 70点〕

400点満点 260点

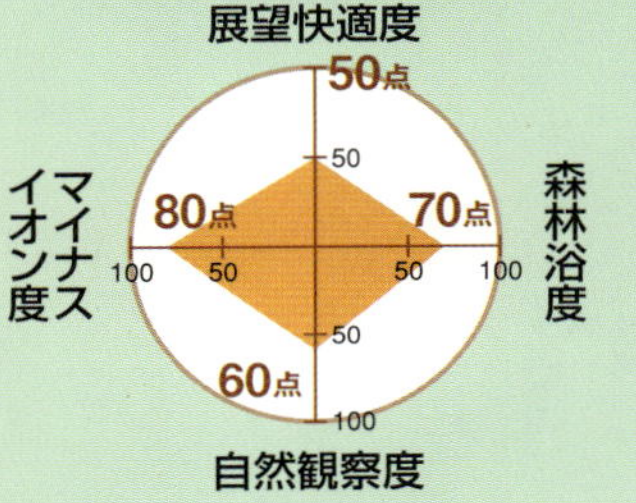

その他の魅力

祖谷渓のガイド付き散策ウォーク：かずら橋や琵琶滝などの周辺歩きから、祖谷渓谷を2～3時間かけて解説付きウォーキングを楽しめる。
三好市観光協会
☎ 0883-76-0877

コースデータ

- 徒歩総時間……1時間
- 標高…………350 m
- 楽しめる期間…通年
- 累積標高差…ほとんどなし
- お勧めの季節…新緑5月・紅葉の10～11月
- 歩行距離………2キロ前後

温泉データ　泉質：炭酸水素塩泉

祖谷渓温泉ホテル秘境の湯
☎ 0883-87-2300　三好市西祖谷山村尾井ノ内 401

コースの特徴

かずら橋の名は全国的に知れ渡っているが、その場所へのアプローチが陸路・鉄路ともに容易ではないので、いまだに秘境という冠が付けられている土地である。

陸路でのアプローチ途上にある祖谷渓は、V字型に急峻な角度で深くえぐられ、目もくらむような高さに車道が付けられている。エメラルドグリーン色の祖谷川が遥か下方に流れ、秋にはその谷底から峰の稜線までが、色鮮やかに染めあげられ、「錦秋の渓谷」となる。祖谷渓の車道沿いには、「小便小僧」の可愛らしい放尿像が渓谷に向かって立つ。かつて同じような行為が地元の子どもの度胸試しであったという逸話も残る。

そんな秘境ともいえる祖谷は、平家の落人伝説の里でもある。かずら

（上）自然の根ジカラを感じる
（右下）琵琶滝　（中下）かずら橋遠景　（左下）祖谷を遠望する

橋の近くにある落差50mもある「琵琶滝」の名は、栄華を誇った都の日々を偲び、互いの身の上を慰めたことに由来する。

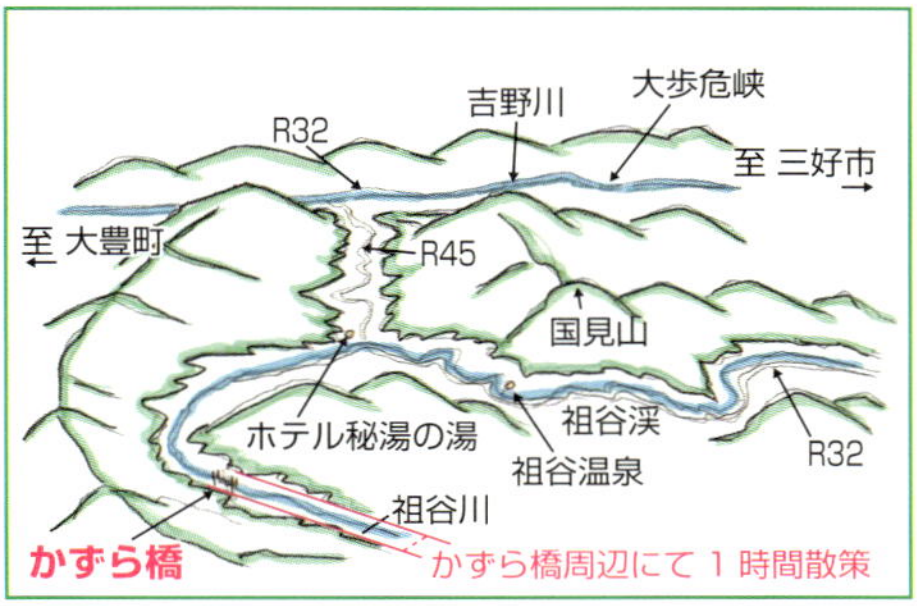

【アクセス】徳島自動車道・井川池田ICから国道32号、県道45号・32号さらに市道を経由、車で約1時間
【問い合わせ先】三好市観光協会　☎0883-76-0877

最寄りの施設

道の駅 大歩危
☎0883-84-1489
全国でも珍しい妖怪屋敷を併設する道の駅。地元に伝わる妖怪伝説を次世代に伝えるために有志が作った素朴な建物である。祖谷そば、山城の銘茶、味噌などの地元産の販売コーナーも。

香川県

里地・里海

備讃瀬戸の小さな島

63

塩飽《しわく》諸島《しょとう》・本島《ほんじま》

咸臨丸運航を支えた水軍末裔の里

丸亀市塩飽本島町

コースの特徴

瀬戸内海は多島美世界などの景観の魅力が紹介されることが多いが、その美しい風景に育まれた海人たちの物語も忘れてはいけない。瀬戸内海の水軍といえば、「村上水軍」が有名だが、もう1つの水軍の存在は意外に知られていない。

時代はさかのぼり幕末の頃、備讃瀬戸に浮かぶ小さな諸島群を拠点とした塩飽水軍の末裔らが、勝海舟率いる咸臨丸運航の底支えをしたのである。操船技術に長けた水軍の末裔35人が塩飽諸島から集められ、咸臨丸とともに太平洋をアメリカへと渡っている。長旅の疲れや異国での環境の違いから、数名がそのままアメリカで没してしまう。彼らの墓地がアメリカに残っているという。

その当時の咸臨丸の絵図が、「塩飽勤番所」建物跡に残されている。

笠島地区

オススメ度 ★★★★☆

魅力満喫度 〔歴史文化堪能度 90点〕

400点満点 220点

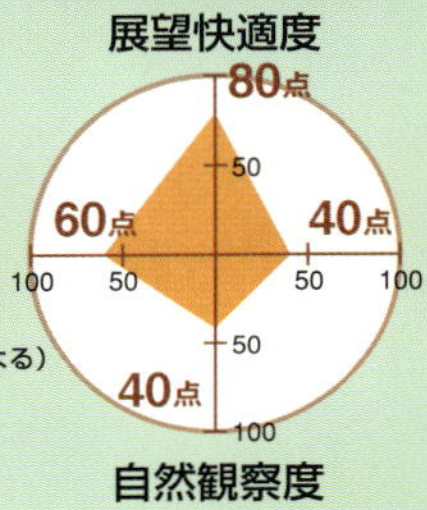

その他の魅力

ガイド付き歴史探訪ウォーク：このコースはぜひ、現地ガイドの解説付きで歩きたい。事前に予約が必要な施設もある。本島港と笠島地区を往復する行程の中に、木烏神社、塩飽勤番所、年寄「吉田家」の墓などを組み入れる行程。

コースデータ

- ■徒歩総時間……3時間
- ■楽しめる期間…通年
- ■お勧めの季節…冬の陽だまり時期
- ■歩行距離………4キロ
- ■標高…………10～20 m
- ■累積標高差…ほとんどなし

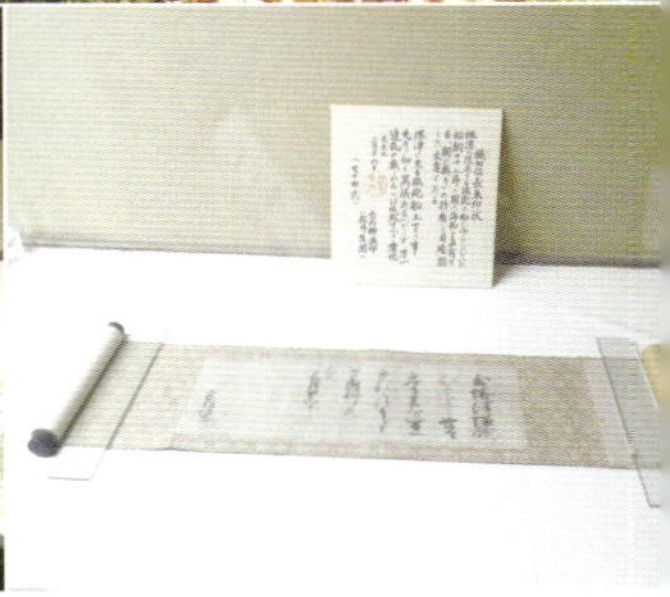

（上）年寄「吉田家」の墓地
（右下）織田信長からの朱印状　（中下）咸臨丸に関する資料展示　（左下）咸臨丸・水夫の生家案内表示

この勤番所は地方自治の在り方の先進事例でもある。江戸時代、この塩飽諸島はどの藩にも属さず統治権が認められた地方自治地区であった。

最寄りの施設

笠島地区・伝統的建造物保存地区

町並みは小さいながらも、廻船問屋など豪商の屋敷や町屋などが軒をつらね、防衛的な配慮で曲がり角をかぎ型に工夫した路地などがある。家並みの中を歩いていると、江戸時代にタイムスリップしたかのような錯覚に陥るだろう。

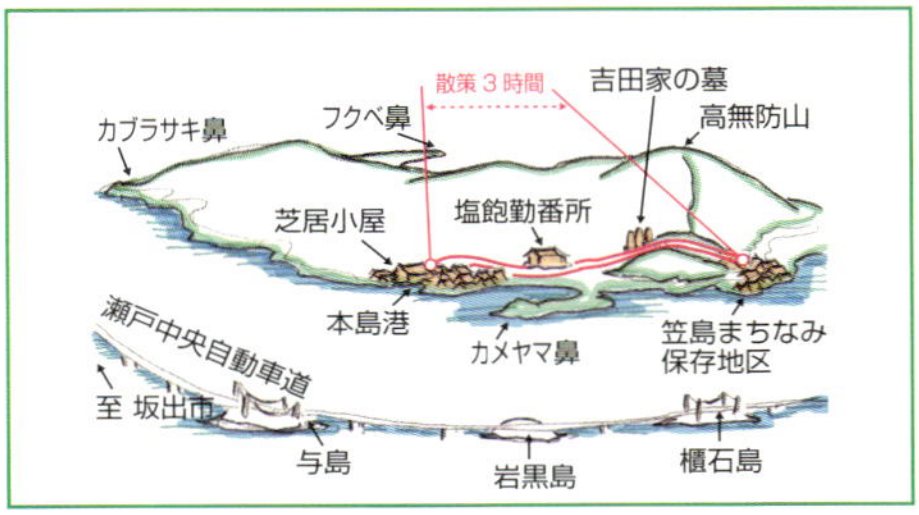

【アクセス】 丸亀港から（本島汽船☎ 0877-22-2782）、児島観光港から（むくじ丸海運☎ 086-474-6199）、どちらも船で約 30 分
【問い合わせ先】 塩飽本島観光案内所
☎ 0877-27-3077

里山

新日本百名山

64

讃《さ》岐《ぬき》富《ふ》士《じ》山《やま》

讃岐平野と瀬戸内海を見おろすミニチュア富士

丸亀市・坂出市

巨人伝説の巨岩

オススメ度 ★★★½

魅力満喫度

400点満点 **240点**

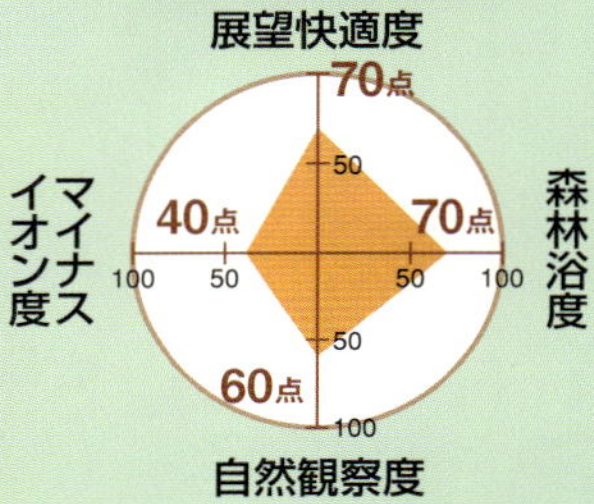

その他の魅力

昭和天皇の歌碑：山頂には昭和天皇が摂政官だった1922年、陸軍の演習で讃岐地方を訪れた際、この山を見て詠まれた歌「暁に駒をとどめて見渡せば讃岐の富士に雲ぞかかれる」の記念歌碑が建つ。

コースデータ

- 徒歩総時間……３時間
- 楽しめる期間…通年
- お勧めの季節…新緑５月・紅葉の 11 月
- 歩行距離………５キロ
- 標高…………422 m
- 累積標高差…350 m

温泉データ

泉質：炭酸水素塩泉

湯元さぬき瀬戸大橋温泉

☎0877-45-6000　坂出市常盤町 2-1-20

コースの特徴

「讃岐富士」という名前は通称。地図に表記される名前では、「飯野《いいの》山」と呼ばれる。瀬戸大橋を挟んだ岡山県側の海岸部から見ても、小ぶりながらも優雅な円錐形の姿は周囲の山々の中でも群を抜いた美しさを誇る。この山の登山ルートは大きく3つあるが、初心者には飯野町登山口から野外活動センターを経て飯野町ルートを通るコースを勧めたい。

野外センターからの登りは、道幅の広い緩やかな上り坂。西又分岐の3合目で鋭角に右折れしながら道は5合目へと続く。5合目から6合目にかけては少々勾配もきつくなり始めるが、樹林の合間から瀬戸内海や讃岐平野が遠望できるポイントが点在する。

飯山町からのルートとの出合いを通過すると8合目付近となり、この

（上）８合目付近からの瀬戸大橋方面遠望　（右下）頂上にある昭和天皇の歌碑
（中下）展望台からの眺め　（左下）高速道からくっきりと富士山の形に見える

辺りから条件がよければ瀬戸大橋の眺望も可能である。８合目から山頂までは再び穏やかな道幅の広い樹林帯の道となる。

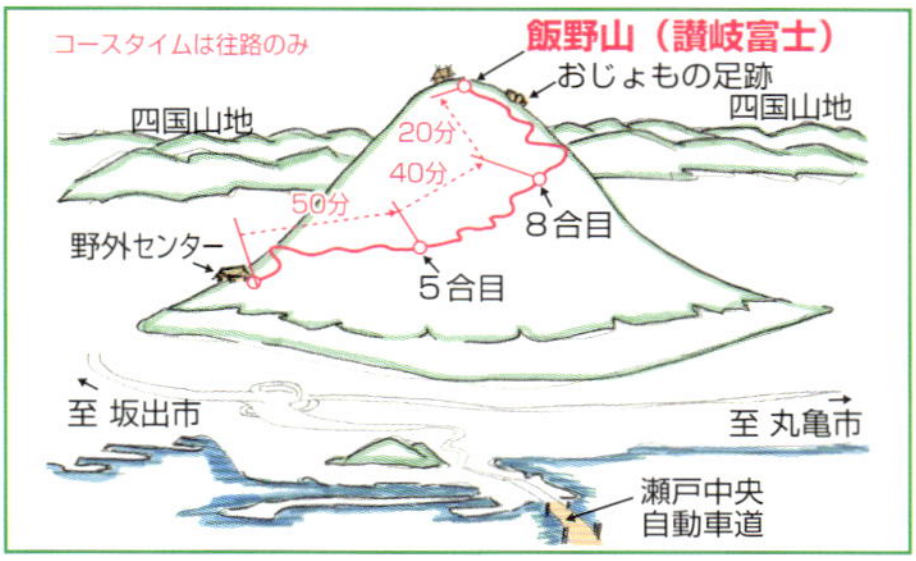

【アクセス】高松自動車道／瀬戸中央自動車道・坂出 IC から国道 11 号、県道 194 号経由、登山口まで車で約 10 分

【問い合わせ先】丸亀市文化観光課　☎ 0877-24-8816

最寄りの施設

道の駅 滝宮・うどん会館

☎ 087-876-5018

綾歌郡綾川町滝宮 1578

営業時間：8:30 ～

定休日：第１・３火曜

香川県の滝宮は「うどん発祥の地」といわれる。うどん県だけに、道の駅内には、うどん打ち体験室や手打ちうどんが味わえるレストランなどがある。

船旅でのアプローチ

里地

日本三大渓谷美

65

寒《かん》霞《か》渓《けい》・小《しょう》豆《ど》島《しま》

断崖や奇岩を見上げながら渓谷の四季を愛でる

小豆郡

オススメ度 ★★★★☆

魅力満喫度

400点満点 270点

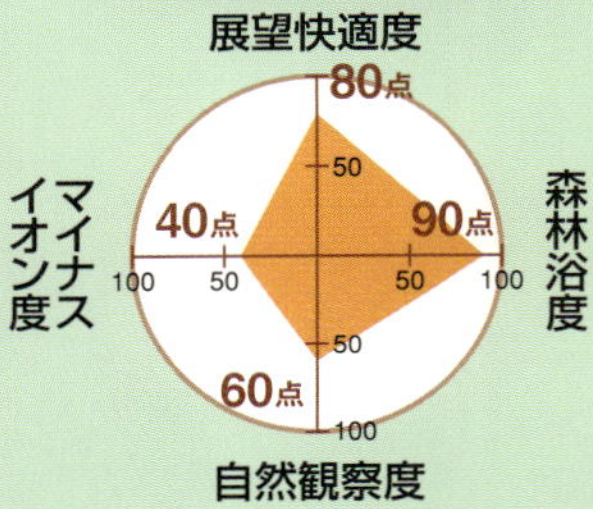

その他の魅力

ロープウエイ利用の下りハイキング：今回紹介しているのは、寒霞渓の登り道。体力などに心配のある方は、上りをロープウエイを利用し、紹介コースを下ってくるのもいい。空中からの自然観賞もオツなもの。

コースデータ

- 徒歩総時間……２時間
- 標高…………612ｍ（山頂駅）
- 楽しめる期間…通年
- 累積標高差…320ｍ
- お勧めの季節…山桜４月・新緑５月・紅葉の11月
- 歩行距離………2．３キロ

温泉データ

泉質：単純性放射能温泉

サンオリーブ温泉

☎0879-82-2200　小豆郡小豆島町西村甲 1941-1

コースの特徴

寒霞渓には3つの遊歩道がある。ロープウエイ山頂駅（三笠園地）から島の最高峰である星ケ城へと延びる全長2・5キロの道。2つ目は、麓の猪ノ谷池から三笠園地までの「裏遊歩道」と呼ばれる1・8キロの道。3つ目が今回紹介する表遊歩道と呼ばれている全長2・3キロの道である。

裏参道遊歩道には8つの奇岩・巨岩の景観があり、寒霞渓裏八景という。同じように、表参道遊歩道には12か所の断崖や絶壁などの絶景景観がある。これらの地形はおよそ1300万年前の火山活動によってできた安山岩、集塊岩などの岩石が長い年月の地殻変動により、そそりたつ奇怪な岩石絶景をつくりあげたといわれる。

短い距離の中にこれだけ変化に富

（上）展望台からの絶景　（右下）断崖や奇岩を見上げる
（中下）秋には落ち葉に敷き詰められる道　（左下）山頂駅まで後５分の場所

んだ絶景景観をもつ渓谷は他に類を見ず、日本三大渓谷美のひとつとされる。紅葉の秋のみならず、山桜の4月などもお勧めの季節である。

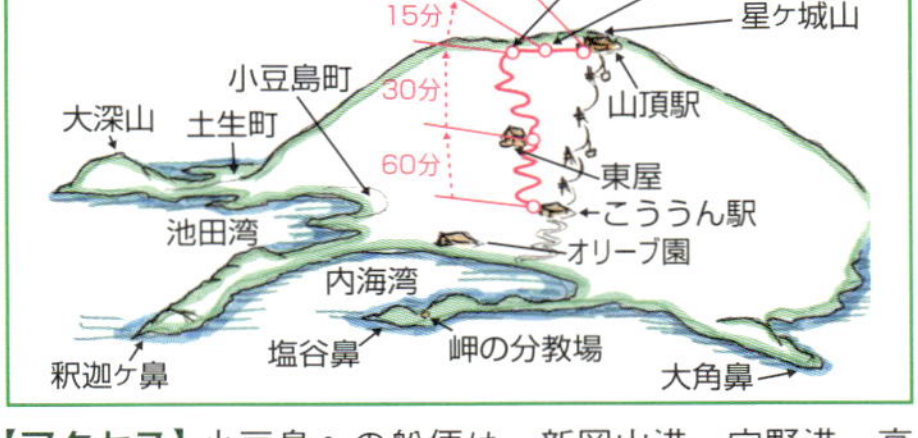

【アクセス】小豆島への船便は、新岡山港、宇野港、高松港から複数便運航
【問い合わせ先】寒霞渓ロープウエイ
☎0879-82-2171

最寄りの施設

寒霞渓山頂駅周辺
☎0879-82-2171
（寒霞渓ロープウエイ）
山頂駅周辺には、さまざまな施設が立ち並ぶ。総工費１億円のトイレ、大型バスも駐車できる大きなパーキングスペース、草花専門販売コーナー、小豆島特産のオリーブを使った美肌水やソフトクリームなど。

水仙の里

里地・里海

水仙と鬼の島

66 男木島《おぎじま》・女木島《めぎじま》

瀬戸内海に浮かぶ真珠のように輝く小さな島巡り

高松市

オススメ度 ★★★★☆

魅力満喫度（歴史文化堪能度 80点）

400点満点 260点

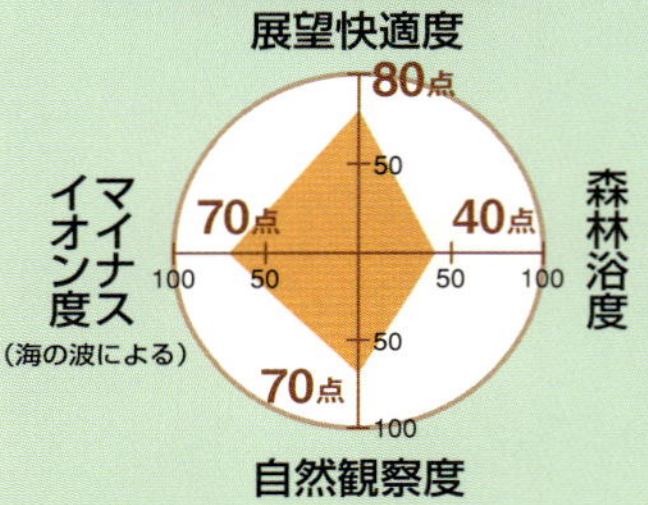

その他の魅力

女木島の港にはユニークな「モアイ像」がある。イースター島のモアイ修復工事を請け負った高松市内のクレーンメーカーが、事前準備の予行演習や研究のために造った実寸サイズの模型。

コースデータ

- 徒歩総時間……３時間
- 標高…………10 ～ 20 m
- 楽しめる期間…通年
- 累積標高差…ほとんどなし
- お勧めの季節…冬の水仙開花時期の１～２月
- 歩行距離………４キロ

コースの特徴

男木島は女木島と合わせて雌雄島《しゆうじま》とも呼ばれる。女木島からの船は、男木島の西側へと回り込むように港へ接近していく。この接近時には必ず港の背後の丘に重なり合うように軒をつらねる景観を見逃さないでほしい。

この小さな坂の道が迷路のように入り組んだ魅惑的家並み歩きは、辛抱して夕暮れ時までとっておきたい。瀬戸内海に沈みゆく夕陽からの斜光がこの家並みを紅に染める頃、坂道の石段や路地の石畳がまるで真珠のように輝きはじめる。

夕暮れ時までは、島の北端にある男木島灯台までの散策歩きを楽しもう。港の北端部の家並みを登る坂道がやがて島の西側の山腹道へと変化していく。灯台まではゆっくりと歩いても30分程度で到着する。どっしり

（上）瀬戸内海の日暮れ時、男木島沖合い
（右下）男木島に接岸　（中下）男木島の家並み　（左下）女木島の鬼ケ島洞窟内部

とした風格のある灯台は、１８９６年に造られた全国でも珍しい御影石造りで、映画「喜びも悲しみも幾年月」などのロケ地にもなった。

最寄りの施設

女木島（鬼ヶ島大洞窟）

港から洞窟、鷲ケ峰往復は5.5キロ、3時間程度。瀬戸内海沿岸には桃太郎伝説が残る土地がいくつかある。女木島の鷲ケ峰山麓にある洞窟の中では、ユニークな鬼の模型が出迎える。天井部分にはノミの採掘跡もあるが、ここは昔話の世界に身を浸したい。

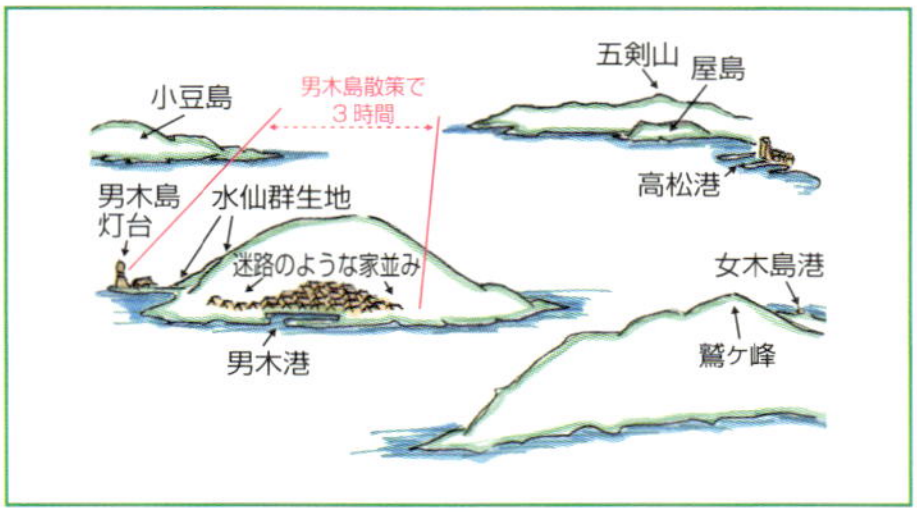

【アクセス】高松港から船便あり。
雌雄島海運☎ 087-821-7912［所要時間］高松－女木島 約20分、女木島－男木島 約20分
【問い合わせ先】男木島観光協会　☎ 087-873-0517
鬼ケ島観光協会（女木島）　☎ 087-840-9055

御厨人窟

里地・里海

弘法大師修行の地

67

室戸《むろと》岬《みさき》・乱礁遊歩道《らんしょうゆうほどう》

地球の創生期に想いを馳せるジオパーク

室戸市

オススメ度 ★★★★☆（4.5）

魅力満喫度 （歴史文化堪能度 90点）

400点満点 300点

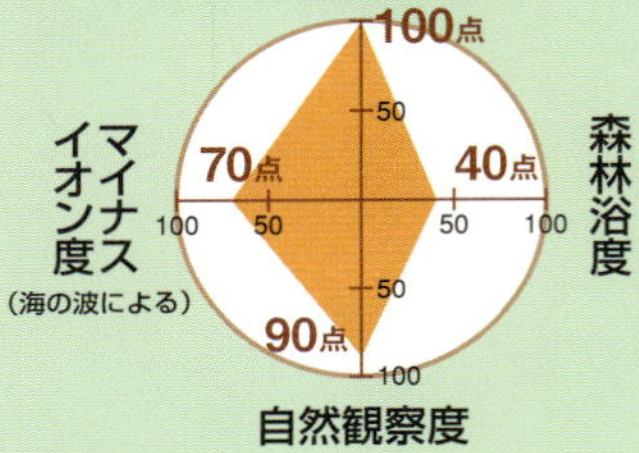

その他の魅力

室戸岬灯台から夕陽鑑賞：1900 年に初点灯された灯台は、太平洋に突き出た突端部の岬の丘陵部にある。空気が澄み切る冬の日没時間に佇み、水平線に沈む夕陽を鑑賞しては。

コースデータ

- ■徒歩総時間……１時間（片道）
- ■楽しめる期間…通年
- ■お勧めの季節…空気が澄み切る冬場
- ■歩行距離………2.6 キロ
- ■標高……154.7m（室戸岬灯台）
- ■累積標高差…海岸沿いなので、ほとんどなし

入浴施設　海洋深層水 100%の露天風呂

シレストむろと

☎0887-22-6610　室戸市室戸岬町 3795-1

コースの特徴

乱礁遊歩道沿いには、分野の違うエネルギーポイントが満載。まず「地形・地質」では、地球の地殻変動の巨大なエネルギーの痕跡を海岸の岩礁地帯に見ることができる。地底からのマグマの貫入でできた斑レイ岩「ビシャゴ岩」をはじめ、褶曲した地層が鮮やかな奇岩・巨岩群が乱立している。

次に「亜熱帯植物群」。特に海岸沿いの森は、「あこう」が繁茂。このあこうの気根が縦横無尽に岩に絡まる景観は迫力満点である。３つ目が、「修行・悟りの地」としてのエネルギーである。

弘法大師・空海の名前の由来地とされる御厨人窟《みくろどくつ》と隣接する神明窟《しんめいくつ》。修行中の青年時代の空海が、御厨人窟の内部から外界を見た際の風景が「空と海」だけだったことから「空海」

（上）室戸岬灯台からの日没　（上右）吉良川の町並み
（右下）乱礁遊歩道を歩く (2)　（中下）太平洋の広大な景色　（左下）岩に絡まるあこうの気根

という名前が生まれたとされる。また、神明窟での修行中に明星が空海の口に飛び込み、このときに悟りが開けたとも伝わる。

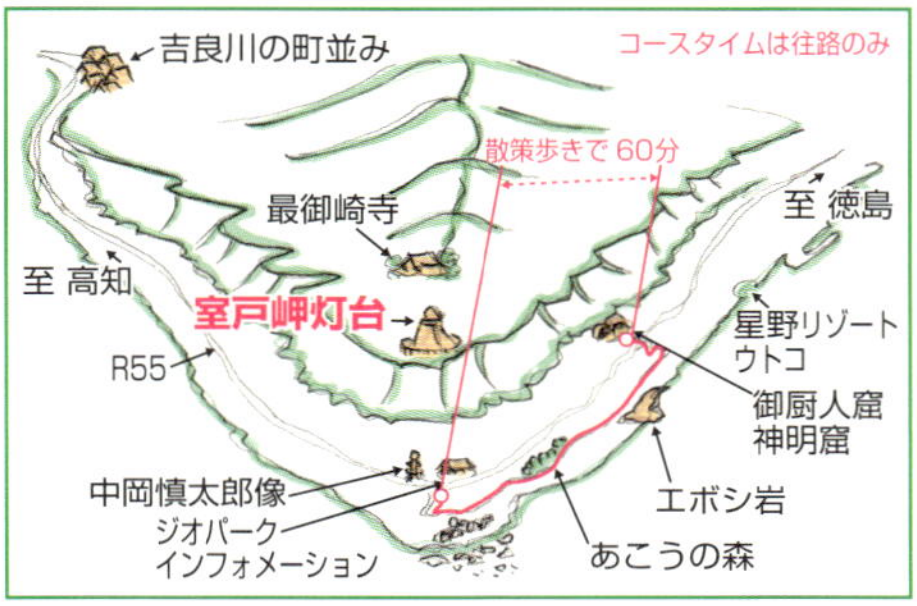

【アクセス】 高知自動車道・南国 IC から国道 55 号経由、室戸岬まで車で約 1 時間 45 分
【問い合わせ先】 室戸市観光協会　☎ 0887-22-0574

最寄りの施設

吉良川の伝統的建造物保存地区

高知市内から室戸岬への途上にある。明治時代から昭和初期にかけて、近郊の海岸沿いに繁茂するウバメガシから良質の備長炭を産出した歴史を持つ。その名残が家並みの各所にある。町家の主屋や蔵の外壁は土佐漆喰仕上げが多い。

石灰岩カルスト地形を歩く

里地

日本三大カルスト

68

四《し》国《こく》カルスト

澄みきった碧空の下、天空の草原道を歩く

高岡郡津野町・高岡郡梼原町《ゆすはらちょう》・愛媛県西予市

オススメ度 ★★★★★

魅力満喫度

400点満点 **370点**

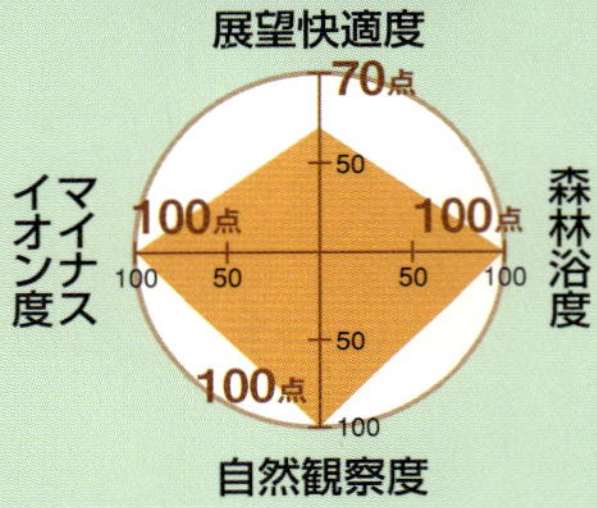

その他の魅力

天狗荘での滞在：コース発着点である天狗荘駐車場から、四国では2つしかない森林セラピーロードへ入れる。この森の道はほとんど高低差がないので、初心者でも安心。夜には満天の星空が手の届くところに迫ってくる。

コースデータ

■徒歩総時間……3.5 時間
■楽しめる期間…通年
■お勧めの季節…避暑の盛夏・ススキの 11 月
■歩行距離………7.5 キロ
■標高…………1430 m
■累積標高差…100 m

温泉データ　泉質：アルカリ性単純泉

雲の上の温泉美人の湯
☎0889-65-1100　高岡郡梼原町太郎川 3799-3

コースの特徴

日本ではちょっと珍しい地形のひとつであるカルストは、その主要な３つがすべて西日本にある。山口県の秋吉台、本書でも紹介している福岡県の平尾台、そしてもう１つがここ四国カルストである。

四国・脊梁山脈の標高１４００ｍ前後、それも広々とした尾根筋に展開するカルスト地形は、まさに天空の風景といっても過言ではないだろう。東側から天狗高原、五段高原、姫鶴平《ひめづるだいら》などのなだらかな草原状の風景の中に、露出した白い石灰岩の塊が点在する。遠くから眺めていると、まるでスコットランドの丘で草を食む羊の群れの如くである。

これらの草原には黒牛が放牧され、ハイキング中にすぐそばまで現れることもある。盛夏でも涼風が草原を吹き抜け、秋にはその風が一面

（上）澄みきった空の下で…
（右下）放牧された牛との出会い　（中下）雲に手が届く天空道　（左下）秋には一面ススキの原になる

に広がるススキの穂を揺らす。

コースは、天狗荘から五段城を通過し、右手の牧草地内の道を姫鶴荘へと進む。

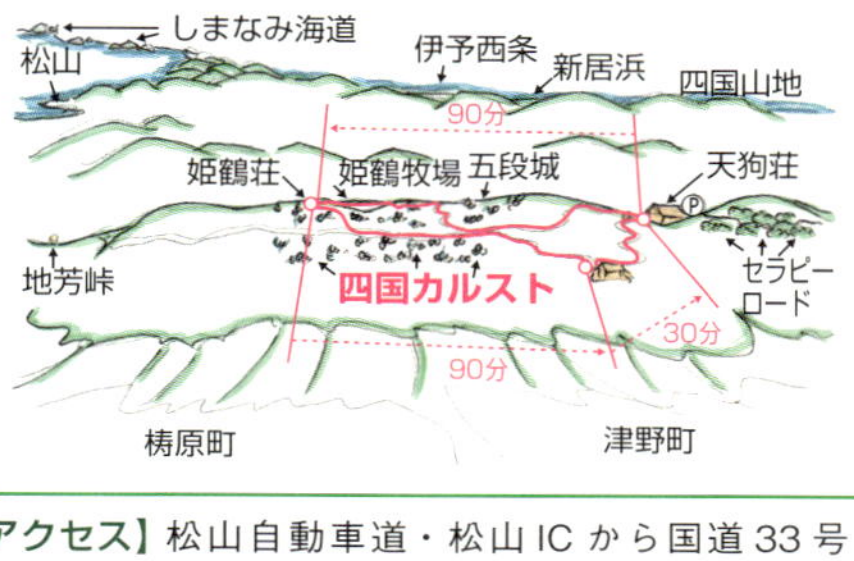

【アクセス】 松山自動車道・松山 IC から国道 33 号・440 号経由、車で約２時間　※冬季は路面凍結への対応が必要

【問い合わせ先】 天狗荘　☎ 0889-62-3188

最寄りの施設

高原ふれあいの家 天狗荘

☎ 0889-62-3188

今回のコースの発着点ともなる施設。宿泊、食事もでき、特産の土産物もある。ハイキング後の入浴も可能。ハイキングや森林セラピーのガイド（有料）も受け付けている。

里地

奇跡の清流・仁淀川

69

中津渓谷《なかつけいこく》・安居渓谷《やすいけいこく》

仁淀ブルーの原点、中津渓谷と安居渓谷を歩く

吾川郡仁淀川町

水流の上をクロスする道、中津渓谷

オススメ度 ★★★★☆

魅力満喫度

400点満点 320点

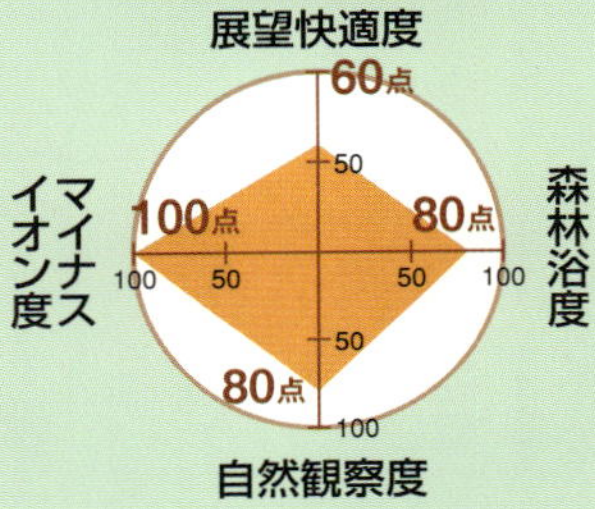

その他の魅力

仁淀川の清流度：仁淀川は国土交通省による平成22・24・25年度・全国1級河川の水質ランキングで第1位。四国の清流では四万十川の知名度には及ばないが、仁淀ブルーと呼ばれる青みがかった透明度の高い水質。

コースデータ

- 徒歩総時間……1.5時間（安居渓谷）　2時間（中津渓谷）
- 歩行距離………4.2キロ（安居渓谷）　4.6キロ（中津渓谷）
- 楽しめる期間…4～11月
- 標高…………400m台（安居渓谷内）200m台（中津渓谷内）
- お勧めの季節…初夏の深緑・晩秋の紅葉
- 累積標高差…50～70m（各々の渓谷とも）

温泉データ

泉質：アルカリ性単純硫黄冷鉱泉

中津渓谷ゆの森

☎0889-36-0680　吾川郡仁淀川町名野川258-1

コースの特徴

安居渓谷は、安居川の上流の原始林に囲まれた渓谷である。この渓谷沿いの滝には、それぞれ「飛龍の滝」「昇龍の滝」「みかえりの滝」「背龍の滝」など風水の龍脈を思わせる滝名が付けられている。

特に圧巻なのは、飛龍の滝。乙女川原の河畔からの遊歩道を歩いて行くと、突如として眼前に落差30mを超す滝が出現する。滝壺には絶えず飛沫が舞っており、マイナスイオンが充満する癒し場となっている。

中津渓谷では、まるで龍の胴体の中へと誘われるような渓谷筋の遊歩道を歩く。この遊歩道には、渓谷の水流の上をクロスするいくつかの橋が連続する。この橋の上を歩いていると、足元から清流の水音が聞こえて、ちょっとした浮遊感も感じられる不思議な時間となる。

（上）仁淀ブルーの原点、中津渓谷
（右下）秋の安居渓谷を歩く　（中下）飛龍の滝、安居渓谷　（左下）まるで龍の胴体の中の道、中津渓谷

この渓谷のハイライトのひとつが、渓谷奥から轟音を響かせている「雨竜の滝」。落差が約20mもある豪快な景観の滝である。

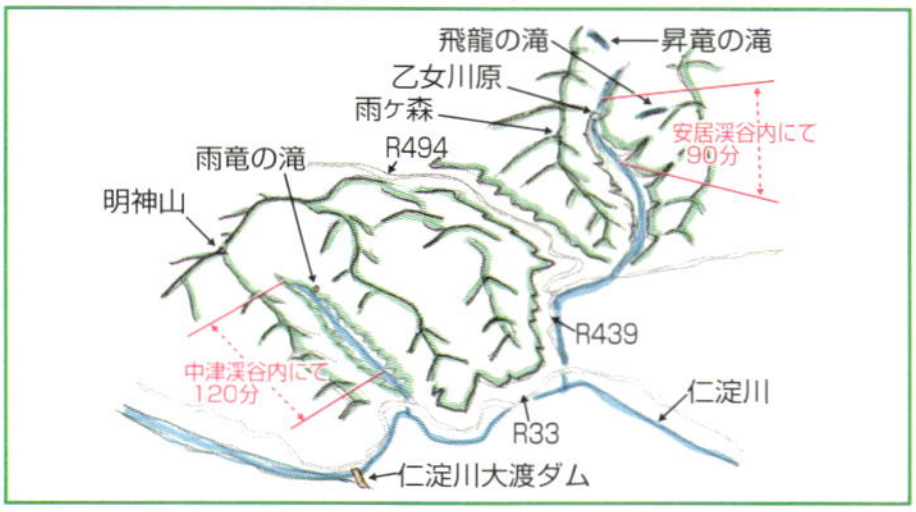

【アクセス】高知自動車道・高知 IC から国道 33 号経由、車で中津渓谷入り口まで約 1 時間。安居渓谷入り口まで約 1 時間 30 分
【問い合わせ先】高知県仁淀川地域観光協議会
☎ 088-893-0733

最寄りの施設

ドライブイン引地橋
☎ 0889-35-1289
営業時間：9:00 ～ 17:00
定休日：水曜
２つの渓谷の間に位置するドライブイン。名物は、鮎やあめご（アマゴ）の塩焼き、山菜ソバ、そして「おでん」。この店のおでんを食べることを目的に、ドライブ客が訪れるほど。

森林セラピストの森下嘉晴さん

オススメ度 ★★★★★

魅力満喫度

400点満点 370点

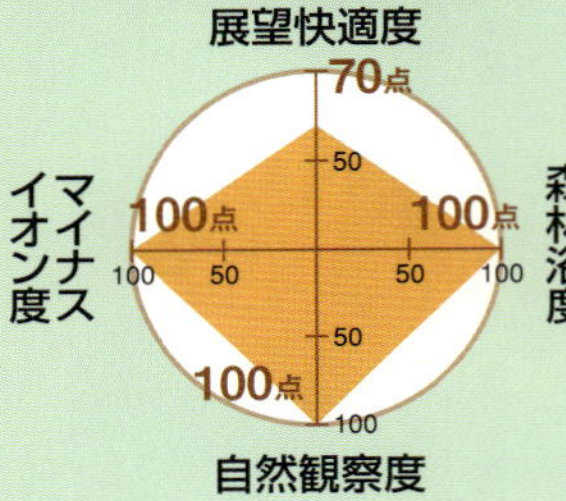

その他の魅力

坂本龍馬脱藩の道：梼原町での「歩く道」は森林セラピーだけではない。坂本龍馬脱藩の道も歩いてみたい。町の中心部から徒歩10分の神幸橋から歩きはじめ、維新の門群像、茶や谷の茶堂を抜け韮《にら》ヶ《が》峠《とうげ》まで5時間前後を地元のガイドと一緒に歩くこともできる。

梼原龍馬会 ☎0889-67-0810

コースデータ

■徒歩総時間……2.5時間
■標高…………270m
■楽しめる期間…通年
■累積標高差…10m
■お勧めの季節…新緑5月・落ち葉の10～11月
■歩行距離………7キロ

温泉データ　泉質：アルカリ性単純泉

雲の上の温泉美人の湯

☎0889-65-1100　高岡郡梼原町太郎川3799-3

里地・里山

雲の上の町

70 久保谷《くぼたに》・森林セラピーロード

緩やかな曲線美を描く心やすらぐ癒しの道

高岡郡梼原町《ゆすはらちょう》

コースの特徴

この森林セラピーロードは、水田を潤すための水路沿いにある。地元の人たちが１００年以上の長きにわたり、手作業で維持管理してきた痕跡が随所に見られる。その丁寧な手作業の温もり感が、木の香りとともに森の中から伝わってくる。

新緑の時期の水路では、新鮮な若葉の影が水面で細かく揺れている。秋には、色とりどりの落ち葉が浮き沈みしながら、幅60センチほどの水路を流れていく。そのさまは、まるで緩やかに流れて行く着物の帯を見ている気分である。

セラピーロードの標高差はわずか10mしかなく、平均勾配率は0・6%。地元の関係者が測定した水の流れるリズムは、胎児が感じる母体の羊水のそれと似ていると聞く。この森に佇み、水の音に耳を澄ませな

（上）苔と落ち葉のコラボレーション
（右下）久保谷セラピーロード入り口　（中下）龍馬脱藩の道標識　（左下）三嶋神社

がら、自分の命の歴史を辿る小旅行に出かけてみてはいかがだろう。
　このコースはぜひ、地域の森林セラピーガイドと一緒に歩きたい。

最寄りの施設

歴史民俗資料館
☎ 0889-65-1187
開館時間：10:00 ～ 17:00
(最終入館 16:30)
町内で収集された生活民具や自然地理に関するものを展示。メインテーマが「檮原千百年物語」とあることに注目。過去と現在の蓄積された文化や歴史を振り返り未来を創造できる。

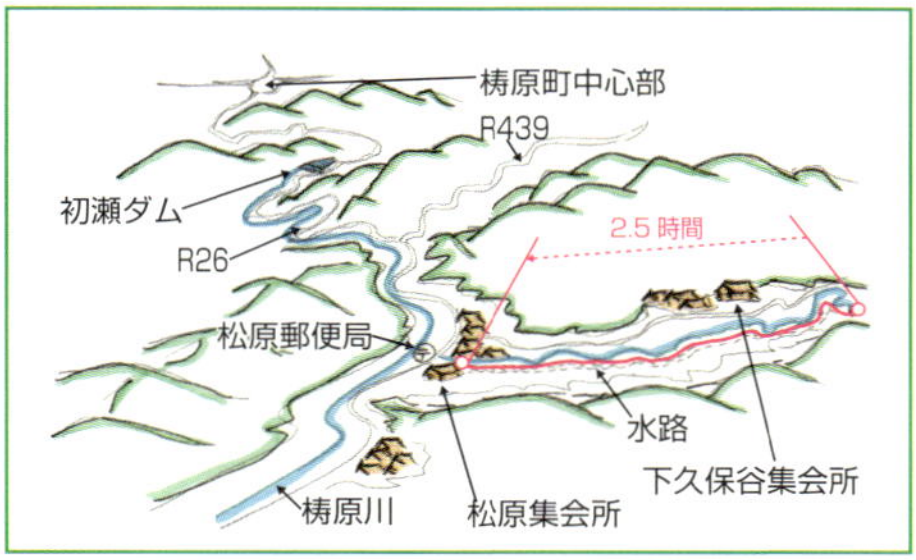

【アクセス】高知自動車道・須崎西ＩＣ（高知方面からの終点）から車で約１時間 40 分
【問い合わせ先】ガイド付き森林セラピープログラムは、梼原町役場産業振興課　☎ 0889-65-1250

頂上からは遮るものがない大展望

里山

四国百名山

71

平《へい》家《け》平《だいら》

優しく広がるササ原から見る四国の名峰群

吾川郡いの町・愛媛県新居浜市

オススメ度 ★★★★☆

魅力満喫度

400点満点 **290点**

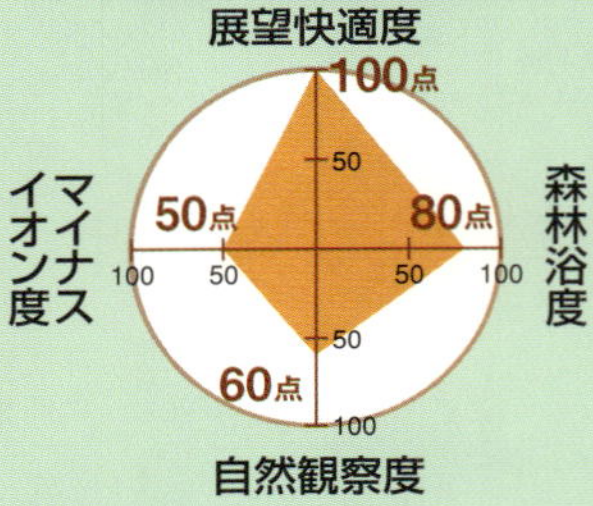

その他の魅力

四国には平家平という名前の付く山が徳島県那賀町にもある。どちらも標高1600m台、平家の落人伝説の山名由来と似ている。

コースデータ

■徒歩総時間……4.5時間
■楽しめる期間…4～11月
■お勧めの季節…新緑5月・紅葉の10～11月
■歩行距離………6キロ
■標高…………1693 m
■累積標高差…590 m

温泉データ

泉質：含鉄ナトリウム塩化物温泉

木の香温泉

☎ 088-869-2300　吾川郡いの町桑瀬225-16

コースの特徴

初めてこの山頂に立った人は、必ずや登山の魅力にハマることになるだろう。遮るものがまったくない壮大な山岳展望は、上り坂の苦労を一気に吹き飛ばしてくれる。

山頂付近は森林限界を超えた広大なササの平原であり、東西南北の全方位に四国の名だたる峰々を眺望できる。両手を広げると、寒風山、伊予富士、瓶ケ森、石鎚山系や赤石山系の峰々などが我が胸に入ってくるかのような気分に浸れる。

登山ルートも北の愛媛県側から、県境の東西の縦走路からとバリエーションが豊富だが、今回は南の高知県からを紹介しよう。高薮登山口までの林道はカーブを繰り返しながらの細い道なので運転には気を付けたい。登山口からは、樹林帯の中をしばらくは緩やかな上り坂が続く。手

（上）四国の名だたる峰々を一望する
（右下）整備された樹林の道　（中下）頂上へ続くササ原の道　（左下）山頂からの尾根筋

すりのある橋2つめを過ぎるころから前方にササの山麓が見え隠れし始める。樹林帯を抜け、ササ原の上り坂を経ると頂上である。

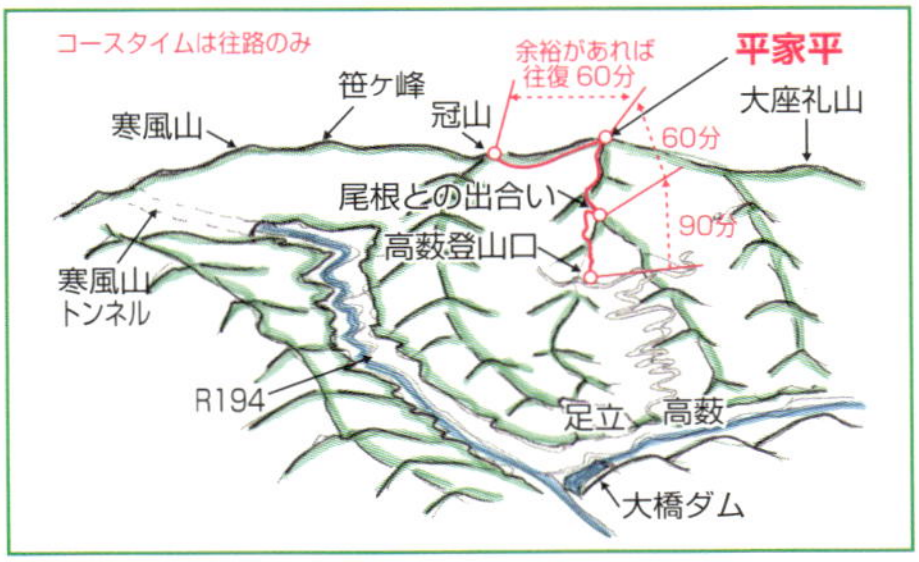

【アクセス】松山自動車道・伊予西条ＩＣから国道11号・194号、県道17号経由、高薮登山口まで車で約２時間
【問い合わせ先】いの町観光協会　☎088-893-1211

最寄りの施設

木の香温泉
☎088-869-2300
旧寒風山トンネルを高知県側に抜けてしばらくすると、右手の川べりに建物が見えてくる。平家平へのアプローチ林道の起点であり、それ以降は販売物のある施設はない。周辺の最新道路情報なども入手できる。

里地・里山

花の百名山

72

横《よこ》倉《くら》山《やま》

高岡郡越知町

日本一古い地質の森に、安徳天皇終息地を訪ねる

横倉宮前

オススメ度 ★★★★☆

魅力満喫度 （歴史文化堪能度 100点）

400点満点 310点

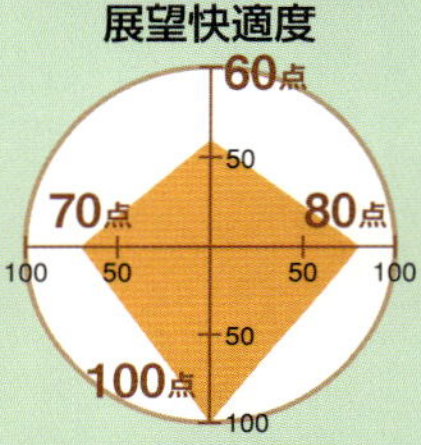

その他の魅力

ヨコグラノキの命名木：散策歩きコース途上にある横倉宮の裏手には、牧野富太郎博士が発見・命名した新種「ヨコグラノキ」の原木が現存。クロウメモドキ科ヨコグラノキ属の落葉高木とされる。

コースデータ

■徒歩総時間……３時間
■最高到達標高…………793 m
■楽しめる期間…４～11 月
■累積標高差…250 m
■お勧めの季節…新緑５月・紅葉の 10 ～ 11 月
■歩行距離………2.6 キロ

温泉データ

泉質：アルカリ性単純硫黄冷鉱泉

中津渓谷ゆの森
☎ 0889-36-0680　吾川郡仁淀川町名野川 258-1

コースの特徴

四国各地には源平合戦に敗れた平家の落人伝説の残る土地が数多くある。その中でも安徳天皇陵墓の参考地とされる場所が、この横倉山の山麓にある。悲しい物語の終息地ともされるこの里山は、ほかにもさまざまな奥深い魅力を兼ね備えている。

横倉山は、日本の植物学の基礎を築いたといわれる牧野富太郎氏の研究フィールドのひとつでもあり、ヨコグラノキやヨコグラツクバネ、コオロギランなどは、牧野氏がこの地で発見し命名している。

10世紀から四国でも有数の修験道の霊場として栄えた山の麓には樹齢数百年のアカガシの原生林や、全国名水百選にも選ばれた「安徳水」が湧き出る泉などがあり、現在でも神秘的な空気を漂わせている。

歩くコースは、第3駐車場からは

（上）安徳天皇陵墓参考地
（右下）歩きはじめの鳥居　（中下）杉原神社　（左下）ヨコグラノキ原木

じまり、杉原神社、安徳水、安徳天皇陵墓参考地、畝傍山眺望所、横倉宮と巡ろう。

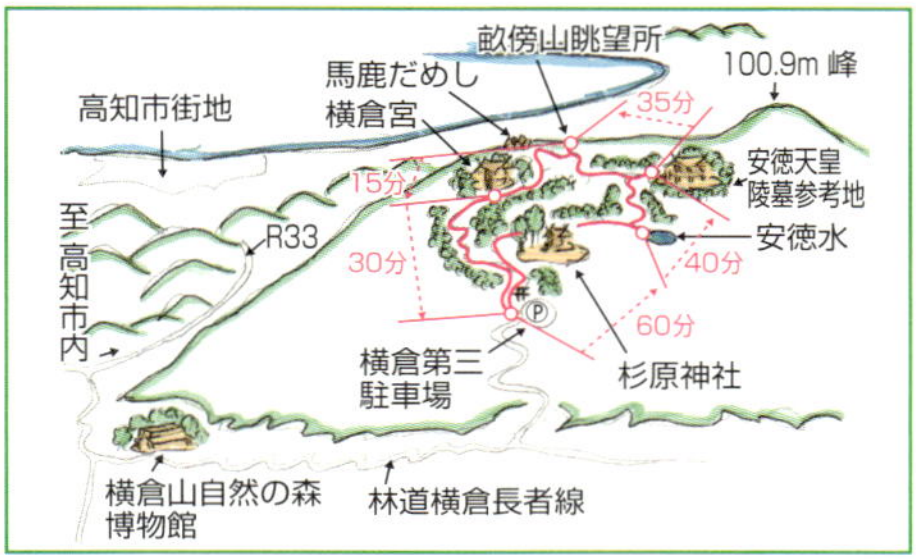

【アクセス】高知自動車道・伊野 IC から国道 33 号、横倉神社左折し林道を経由、横倉山第３駐車場まで車で約 1 時間 30 分
【問い合わせ先】越知町観光協会　☎ 0889-26-1004

最寄りの施設

横倉山自然の森博物館
☎ 0889-26-1060
開館時間：9:00 ～ 17:00
（最終入館は 16:30）
休館日：月曜
設計は安藤忠雄氏による近代的な建物。内部の展示物も、日本で最も古い地質から出土された貴重な化石や隕石、また珍種の植物に触れることができる。

食堂（じきどう）での写経体験

里地・里山

ラストサムライのロケ地

73

書写山《しょしゃざん》・圓教寺《えんきょうじ》

山上の大伽藍への癒し道

姫路市

オススメ度 ★★★★☆

魅力満喫度 〔歴史文化堪能度 90点〕

400点満点 250点

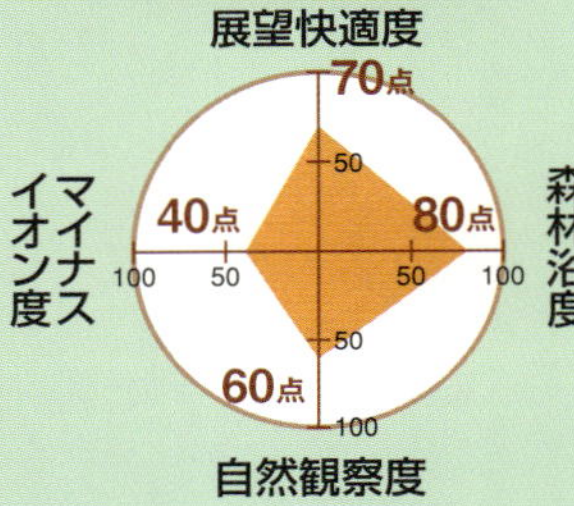

その他の魅力

この名刹の名を世界に知らしめたのが、トムクルーズ主演映画「ザ・ラストサムライ」。山上にある伽藍群が里山の自然と見事に融和した景観であることが、映画のロケ地として選択された背景にあるといわれる。映画を見てから訪れるのも一興。

コースデータ

- ■徒歩総時間……３時間（往路のみ）
- ■楽しめる期間…通年
- ■お勧めの季節…紅葉の 11 月下旬
- ■歩行距離………2.5 キロ（往路のみ）
- ■標高………371 m
- ■累積標高差…335 m（ロープウエイ書写駅から）

♨ 温泉データ　泉質：低張性弱アルカリ性泉

ニューサンピア姫路ゆめさき

☎ 079-335-5551　姫路市夢前町置本 432-56

コースの特徴

山上にある大伽藍エリアへの登山口はいくつかあるが、今回は初歩的なコース(それでも片道3時間前後)を紹介しよう。ロープウエイの起点駅（書写駅）から住宅街の中を小さな標識を頼りに登山口へ向かう。道が分かりにくい場合には、近隣の人に尋ねるといい。

さて、山道に入ると、いきなり上り階段などが連続していく。途中7丁目付近から木々の間に、姫路市街地から姫路港方面の展望が広がる。さらに岩の露出した尾根道を上って行くと、やがてロープウエイ山上駅に出る。ここからは、道幅の広い参詣道を歩いて行く。

仁王門をくぐり、摩尼殿へ向かう。しばらくなだらかな道が続くが、いったん下り道となった頃、眼前に豪壮な伽藍・摩尼殿が現れてくる。

（上）下から見上げる摩尼殿
（右下）東坂コース途中から見える姫路市街地　（中下）ゆるやかな参詣道　（左下）大講堂

下から見上げると、その威圧感に圧倒される。摩尼殿からは山道迂回路を通り、山上の白山権現を経て大講堂へと下る道をとる。

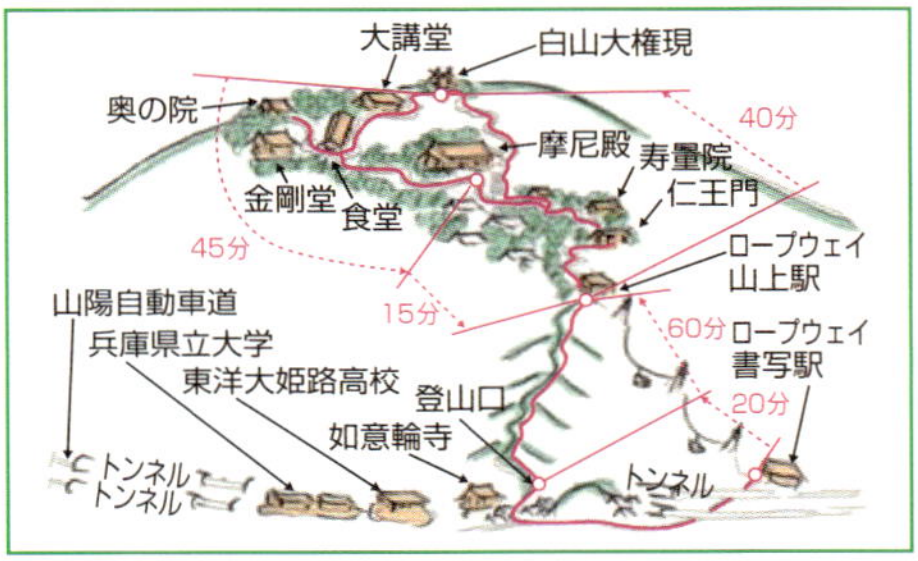

【アクセス】山陽自動車道・山陽姫路西ICから県道545号・67号経由、ロープウエイ書写駅まで車で約20分
【問い合わせ先】圓教寺　☎079-266-3327

最寄りの施設

改修後の姫路城
問い合わせ：姫路城管理事務所
☎079-285-1146
2011年度から改修工事に伴い天守閣内部への入場が制限されていた姫路城。15年3月下旬に工事の終了が予定されており（15年2月現在）、化粧直しを施した新しい天守閣を拝観できるようになる。

灘黒岩水仙郷

里地・里海

勾玉の形をした島

74

沼《ぬ》島《しま》

国産み神話ゆかりの島を巡る

南あわじ市

オススメ度 ★★★★☆

魅力満喫度 〔歴史文化堪能度 90点〕

400点満点 290点

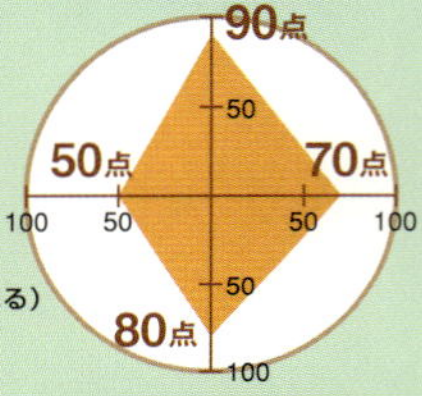

その他の魅力

海の上から島巡りをすることも可能。周囲10キロを40分の船旅だが、奇岩・巨岩が連続する景観が、圧倒的な迫力をもって眼前に迫ってくる。問い合わせ／沼島総合観光案内所　よしじん（吉甚）
☎0799-57-0777

コースデータ

- ■徒歩総時間……２時間
- ■標高…………約 100 m（沼島最高所）
- ■楽しめる期間…通年
- ■お勧めの季節…水仙の咲く１～２月
- ■歩行距離………３～４キロ
- ■累積標高差…約 100 m

温泉データ　泉質：アルカリ性単純温泉

さんゆー館
☎0799-43-3939　南あわじ市 2332

コースの特徴

「古事記」の冒頭部分に登場する国産み神話は、伊邪那岐神と伊邪那美神による日本の国土創世譚を伝える。神話によると日本の国土は大八《おおや》島《しま》から始まるとされる。

大八島とは、淡路島、四国、隠岐の島、九州、壱岐、対馬、佐渡、本州という順番に誕生した島々のこと。大八島を誕生させる前、２人の男女神が大地を天沼矛《あめのぬぼこ》で掻き混ぜた際に、矛から滴り落ちたものが積もり小さな島を形成したという記述がある。淡路島の南に位置する沼島は、その「淤能碁呂島《おのごろじま》」の有力な候補地であると言われる。それだけでも、何やら神代の時代へのロマンがかき立てられるが、実際この島にはその伝説にゆかりの場所がいくつかある。

今回紹介するコースは、そんなゆかりの場所を歩きながら巡る島内半

（上）横からみても神秘的な島影である
（右下）おのころ神社　（中下）島の東側の海が見え始める　（左下）爽快な海風に吹かれる

周2時間コース。まず、沼島漁港の南端から歩きはじめ、「おのころ神社」へ。尾根筋道を島の東側を巡り港へ戻ろう。

最寄りの施設

灘黒岩水仙郷
☎ 0799-56-0720
開園時間：9:00 ～ 17:00
例年 12 月下旬～ 2 月下旬
水仙の日本三大群生地のひとつ。江戸時代の漁民が海岸に漂着した球根を植えたことに始まるといわれ、現在では 500 万本の野生の水仙が冬に咲き誇る。

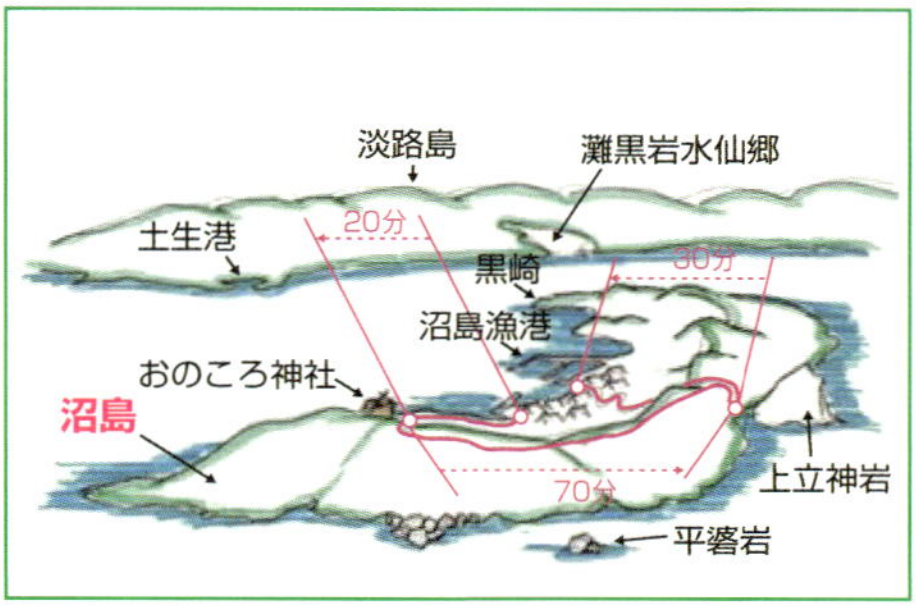

【アクセス】沼島へは淡路島の南にある土生港から約 10 分で到着　沼島汽船 ☎ 0799-57-0008
【問い合わせ先】淡路島観光協会　☎ 0799-25-5820

里地

日本のマチュピチュ

75

竹《たけ》田《だ》城《じょう》

日本で一番霧が似合う山城

朝来市

霧が一番似合う山城

オススメ度 ★★★★☆

魅力満喫度 （歴史文化堪能度 90点）

400点満点 **260点**

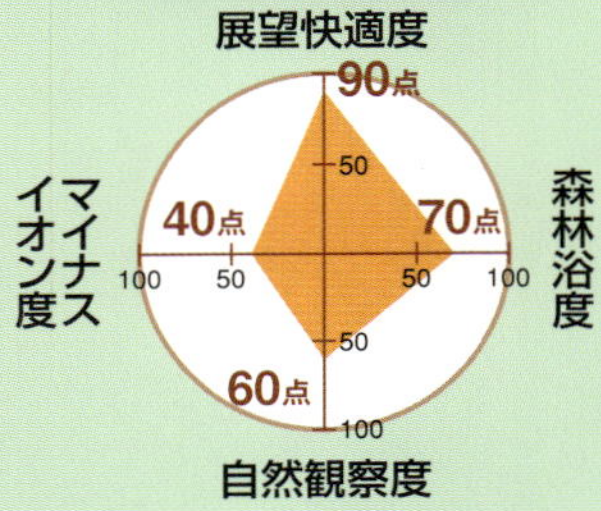

その他の魅力

立ち昇る朝霧の上にぽっかりと浮かぶ竹田城。天空の城と命名されるこの風景を撮影するには、もちろん城内からでは不可能である。円山川を挟んで東側にある朝来山山麓の立雲峡第一展望台が、撮影のベストポイント。

コースデータ

- 徒歩総時間……３時間
- 楽しめる期間…４～11月
- 入城できない期間…12～3月（道の凍結のため）
- 歩行距離………３キロ前後
- 標高…………354 m
- 累積標高差…約 250 m
  （JR 竹田駅を起点として）

温泉データ　泉質：低張性弱アルカリ性温泉

奥香の湯

☎ 079-672-1126　朝来市和田山町玉置 1087-1

コースの特徴

日本のマチュピチュといわれるのは、その重厚感のある城壁の景観からであろう。この城壁の石積みは1600年頃、赤松広秀が城主だった文禄年間から慶長の初期頃に始まったとされる。

その工法は織田信長の安土城と同じく、穴太《あのう》流石積み技法と呼ばれ、相当に堅牢な建築法だったので、現在までその姿を維持してきた。城郭の構造は、天守台を中央に放射状に城壁が下り勾配で配置され、その全体像が臥せた虎のように見えるので、別名「虎臥城」（とらふすじょう・こがじょう）とも呼ばれている。

竹田城への登り道は複数コースがあるが、駅裏からのコース（2015年3月改修完了予定。2014年度は、冬季12月11日～3月19日入城禁止）がお勧めである。また容易なの

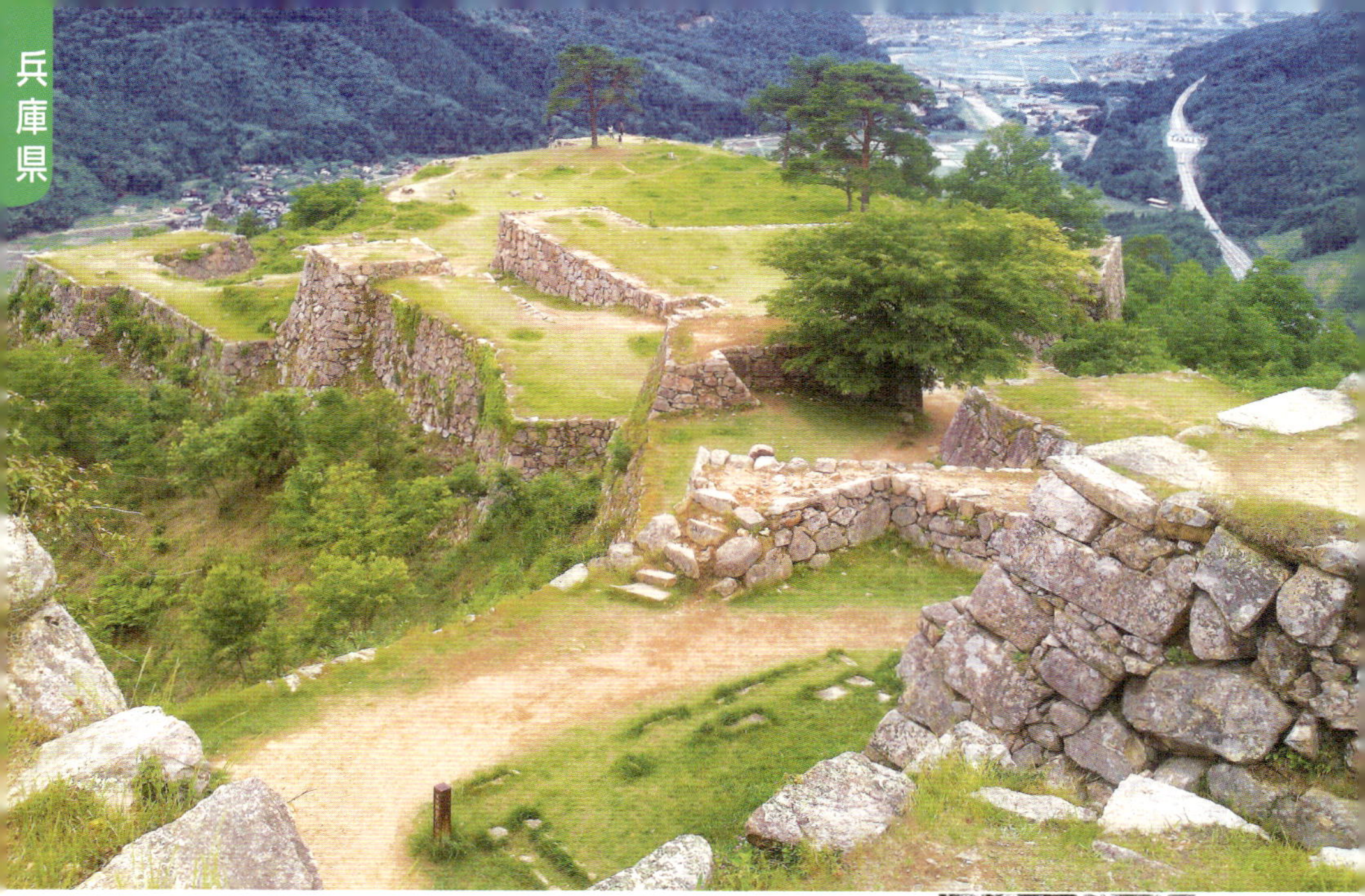

（上）眼下に竹田の町を見おろす　（右下）落ち着いた雰囲気の町並み（竹田）
（中下）朝霧の撮影ポイント、朝来山山麓を見る　（左下）地元ガイドによる城内巡り

は城の裏手にある山腹駐車場から７００ｍの舗装道を歩くコースや、少し長いが南登山道と呼ばれる舗装道使用コースなどがある。

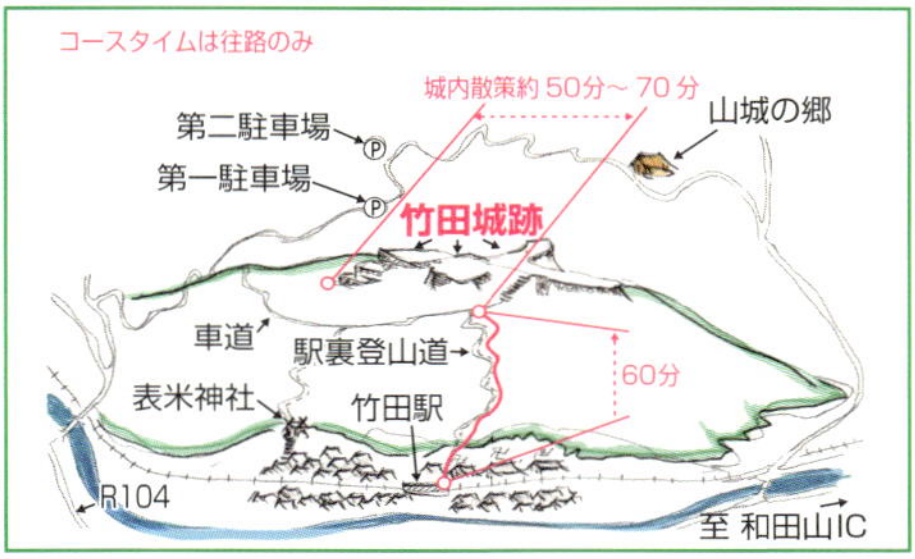

【アクセス】播但連絡有料道路・和田山 IC から国道 312 号、県道 104 号経由、JR 竹田駅まで車で約 10 分
【問い合わせ先】情報館 天空の城　☎ 079-674-2120
朝来市役所産業経済部竹田城課　☎ 079-672-6141

最寄りの施設

情報館・天空の城
☎ 079-674-2120
開館時間：9:00 ～ 17:00
入館無料
竹田城へ行く前には、必ずここで事前の学習ならびに最新の情報を収集したい。館内は、竹田城の模型や城壁の石積み、瓦などを展示。竹田城の歴史に関する資料配布のサービスもある。

風情のある路地歩きが楽しめる

里地

播磨の小京都

76

龍《たつ》野《の》の町並み

夕焼け小焼けが似合う童謡の郷

たつの市

オススメ度 ★★★★☆

魅力満喫度 〔歴史文化堪能度 90点〕

400点満点 230点

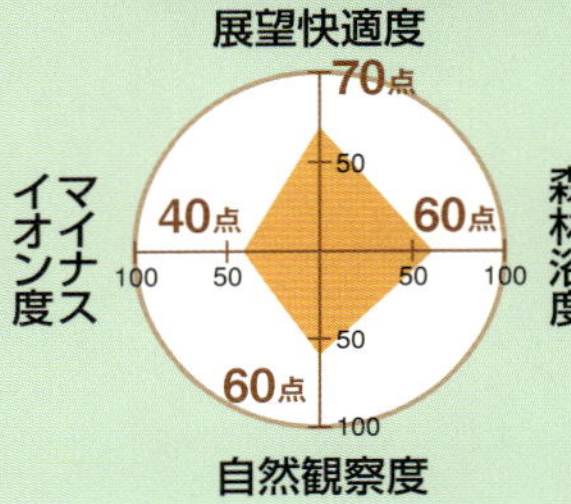

その他の魅力

龍野はヒガシマル醤油の本拠地。その製造工程などを見学できるプログラムがある。問い合わせ／ヒガシマル醤油 第一工場☎0791-63-4567（平日のみ可能）

コースデータ

- 徒歩総時間……２〜３時間
- 楽しめる期間…通年
- お勧めの季節…桜の４月・紅葉の11月
- 歩行距離………3.3キロ
- 標高…………120 m（最高所）
- 累積標高差…約100 m（揖保川河原から）

宿泊入浴

国民宿舎 赤とんぼ荘

☎0791-62-1266　たつの市龍野町日山463-2

コースの特徴

この町の散策歩きは、小さな町なので自由に設定できるが、今回はモデルコースとして2〜3時間の行程を紹介しよう。まずは、龍野公園駐車場から白鷺山の展望台へ登ってみよう。

この展望台からは眼下に揖保川の清流と遥か彼方に播州平野、瀬戸内海まで見渡すことができる。白鷺山からは紅葉谷方面へと緩やかな下り道を行く。その途上には、三木露風の童謡「赤とんぼ」の歌碑などがある。

さらに、桜の並木道でもある文学の小径を抜けて、龍野神社、聚遠亭などを巡り紅葉谷へ。ここは、秋にはすばらしい紅葉の名所となる。紅葉谷からは旧脇坂屋敷に立ち寄り、その先にある武家屋敷資料館を見学した後、龍野城に向かう。

復元された白亜の白壁沿いに入城

（上）龍野城へと向かう道
（右下）白鷺山へ向かう道　（中下）赤とんぼの碑　（左下）タイムスリップする町並み

し、本丸御殿などの内部を巡りたい。城からは昔日の城下の町並み風情が残る道を、龍野歴史文化資料館、如来寺と巡り、うすくち醤油資料館へ。

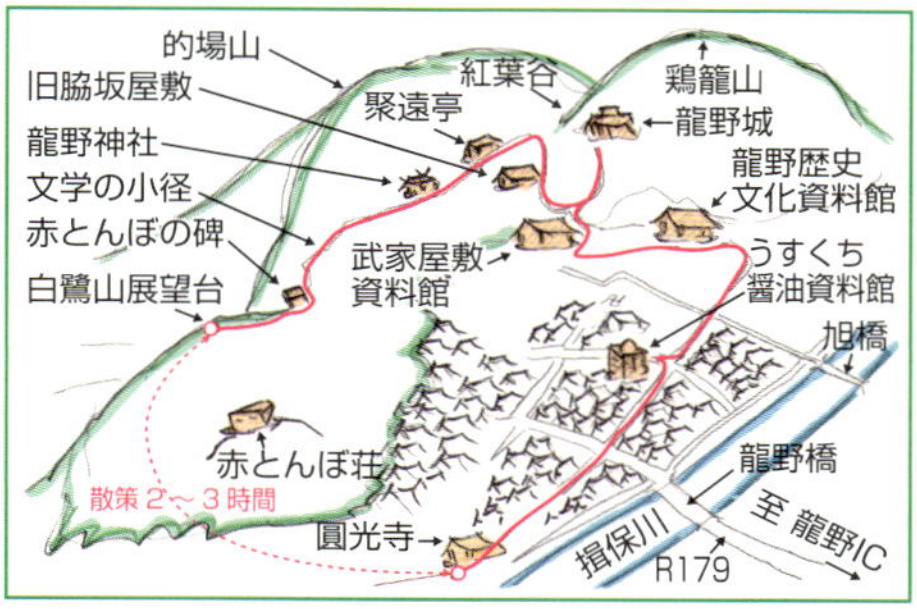

【アクセス】山陽自動車道路・龍野 IC から県道 29 号、国道 179 号経由、たつの市中心部まで車で約 10 分
【問い合わせ先】たつの市観光協会　☎ 0791-64-3156

最寄りの施設

揖保乃糸資料館そうめんの里
☎ 0791-65-9000
開館時間：9:00 ～ 17:00
そうめんの全国的なブランド品「揖保乃糸」は、西播磨地方を流れる揖保川沿いに発達した伝統産業である。「手延べそうめん」の歴史的背景や、その伝統の技法など展示。

晩秋の平尾台

里山

日本三大
カルスト

77

平《ひら》尾《お》台《だい》・貫《ぬき》山《やま》

広大な空とおだやかな草原の境を闊歩

福岡県北九州市

オススメ度 ★★★★☆

魅力満喫度

400点満点 **250点**

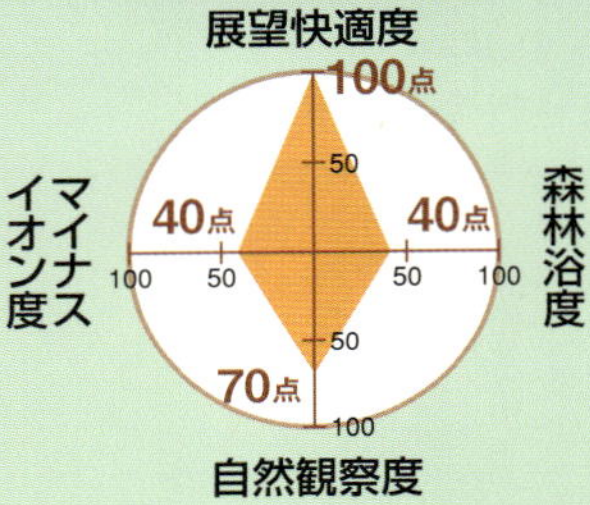

その他の魅力

平尾台自然観察センター：館内展示室で平尾台の自然解説写真展（野草写真展・洞窟写真展・野焼き写真展）などがある。平尾台をフィールドにした、野草観察、昆虫観察などの自然観察ウォークなどのガイディングにも応じる。
☎ 093-453-3737（9:00 ～ 17:00　休館日／月曜）

コースデータ

■徒歩総時間……４時間　■標高…………712 m
■楽しめる期間…通年　■累積標高差…上り約 437 m、下り約 444 m
■お勧めの季節…秋のススキ繁茂時 10 ～ 11 月
■歩行距離………7.3 キロ

温泉データ　泉質：含弱放射能泉

下関マリンパーク
☎ 083-245-1589　山口県下関市長府外浦町 2-1

コースの特徴

日本三大カルスト地形（ほかの2つは、秋吉台・四国カルスト）の中で、最も起伏に富んだ地形。平尾台の最高峰である「貫山」から東方向への展望は、周防灘の雄大な海原とその沿岸海上に浮かぶ北九州空港が見渡せる。九州の名峰群を含む山岳風景は南方向の展望の中に遠望できる。

春から初夏にかけては、カルストの草原が鮮やかな緑に覆われ、晩秋にはその緑がススキの穂に主役の座を明け渡す。さらに降雪の冬場には石灰岩の黒ずんだねずみ色が白銀世界に浮かび上がり、まるで霧海の中に点在する小さな島々のようにも見えてくる。

歩きはじめのポイントである吹上峠（372m）まで容易に車でアプローチできるので、貫山まで歩かずともカルスト台地の変化に富んだ四

（上）雄大な景観が広がる
（右下）登山口を見おろす丘　（中下）カルスト地形の中を歩く　（左下）おだやかな草原道

季折々の景観を満喫できる。

登山コースは、吹上峠から大平山、四方台へはアップダウンのある道。四方台から頂上までは上り坂が続く。

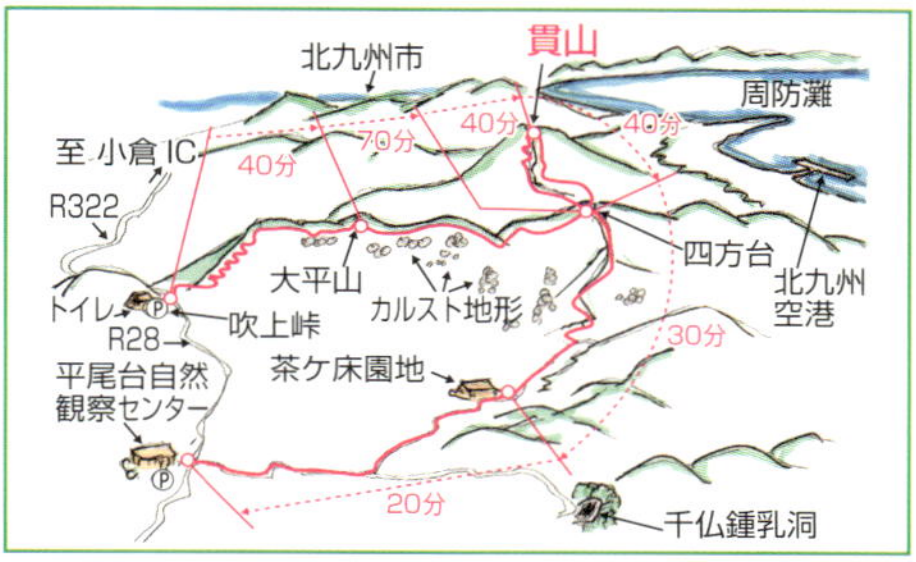

【アクセス】 九州自動車道・小倉 IC から国道 322 号、県道 28 号 経由、吹上峠まで車で約 20 分
【問い合わせ先】 平尾台自然観察センター
☎ 093-453-3737

最寄りの施設

千仏鍾乳洞
☎ 093-451-0368
入洞時間：9:00 ～ 17:00
※冬季は日没まで
カルストといえば、鍾乳洞洞窟。平尾台での散策歩きの後に訪れてみたい。鍾乳洞の内部は四季を通じて気温 16 度、水温 14 度で保たれて夏は避暑にもってこい。

関門海峡を渡る連絡船

里地・里海

本州と九州の連絡橋

78

関門海峡《かんもんかいきょう》と門司《もじ》の町並み

夕暮れ時の海峡景色とレトロな町並み

福岡県北九州市・山口県下関市

オススメ度 ★★★★☆

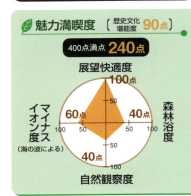

魅力満喫度（歴史文化堪能度 90点）

400点満点 240点

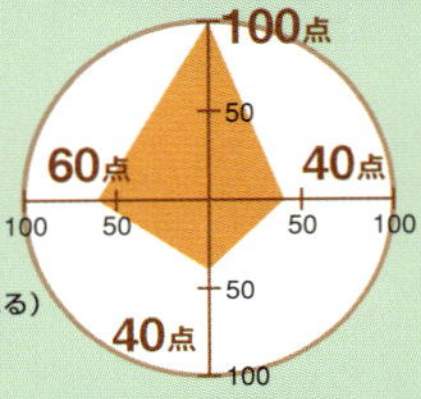

その他の魅力

めかりパーキング：関門海峡に沈む夕陽や、ライトアップされた関門橋を下から鑑賞するのに最適の場所。レストランなどもあるので、夕暮れから日没までの時間をゆっくりと待つことができる。

※注意：関門自動車道上り線（九州方面から本州方面に向かう）のみ入域可能。

コースデータ

■徒歩総時間……１時間　■標高…61ｍ（関門橋の桁下面）

■楽しめる期間…通年　■累積標高差…ほとんどなし（町並み歩きのため）

■お勧めの季節…秋から冬の夕暮れ時（海峡眺望）

■歩行距離………４キロ前後

温泉データ　泉質：含弱放射能泉

下関マリンパーク

☎083-245-1589　山口県下関市長府外浦町 2-1

コースの特徴

ずいぶん前のことだが素朴な疑問を持った時期があった。それは九州からの帰途、関門橋を夕暮れ時に通過している際のこと。東にある下関（本州側）に向かっているのに、なぜか夕陽が進行方向（左手）に沈んでいくのである。

方向感覚が狂うような錯覚で生じた謎は、後に関門海峡の詳細地図を見て解決した。九州方面からは「西北西」方向に橋はつながっているのである。V字に切れ込む関門海峡では、「九州側から本州の陸地の背後に沈む夕陽を見る」というちょっと珍しい光景を目にすることができる。

関門海峡の夕暮れや日没景色の鑑賞までは、レトロな町並みの門司の散策歩きや、海峡を渡る連絡船で対岸の下関までの往復を楽しみたい。下関側の唐戸市場では新鮮な魚介類をその場で調理してくれる。
門司側では、旧門司税関、旧大阪商船ビル、料亭・三宜楼などを巡りたい。

（上）夕暮れ時の関門海峡
（右下）月夜にライトアップされた関門橋　（中下）下関側・唐戸市場　（左下）門司レトロな町並み

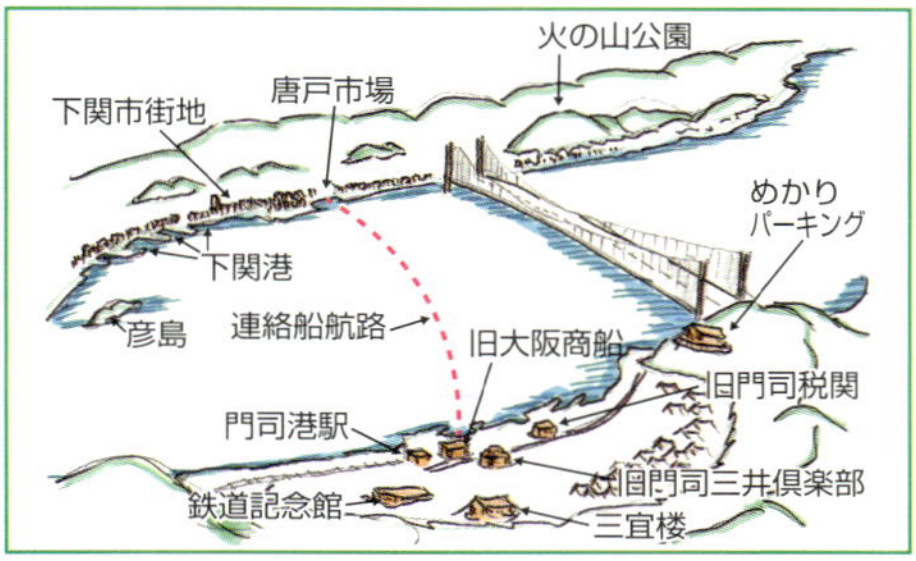

【アクセス】 関門自動車道・門司港 IC から門司中心地まで車で約５分
【問い合わせ先】 門司港駅観光案内所
☎ 093-321-6110

最寄りの施設

火の山公園

下関側から関門海峡の夕暮れ、夜景観賞ポイント。火の山の上部付近まで車で行くことができ、そこには１時間で 360 度回転する展望台もある。標高 260m の高さから見おろすライトアップされた関門橋や、点灯された下関・門司の海岸線の町並み夜景は幻想的。

荘園の風景を色濃く残す家並み

里地

国重要文化財的景観

79

田《た》染《しぶの》荘《しょう》

国東半島山麓に日本の原風景を訪ねる

大分県豊後高田市田染小崎

オススメ度 ★★★★☆（4.5）

魅力満喫度 〔歴史文化堪能度 100点〕

400点満点 280点

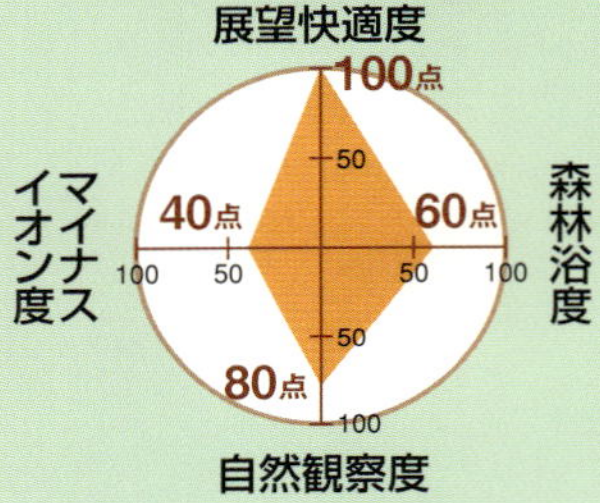

その他の魅力

農家民泊のススメ：夕暮れ時の田園風景をゆっくりと眺めるには、小崎地区の宿泊が欠かせないだろう。その際には農家の民泊体験がお勧め。地域産の旬の食材とともに、農村の歳時記などの話が夕餉の食卓を彩ることだろう。問い合わせ／小藤（0978-26-2428）など

コースデータ

- 徒歩総時間……１時間
- 楽しめる期間…通年
- お勧めの季節…田植前・秋の稲刈り前
- 歩行距離………４～５キロ
- 標高…105ｍ（小崎地区中心部）
- 累積標高差…50ｍ（山麓の展望スペースまで）

温泉データ　泉質：炭酸水素塩泉

健康交流センター 花いろ

☎0978-22-1155　大分県豊後高田市美和 1335-1

コースの特徴

山岳修験道の山でもある国東半島は、「六郷満山《ろくごうまんざん》」とも呼ばれてきた。それは、1千数百年の昔から半島頂上部から流れ出る何本かの沢筋沿いに、六つの郷がおかれていたことに由来する。

田染荘小崎地区もその六つの郷に含まれる里として、宇佐八幡宮が支配管理する荘園のひとつとなって栄えてきた。ほかの荘園地が近代化の波とともにその景観を変えていく中で、小崎地区だけは水田や周囲の家並み景観を昔のままの姿で守り受け継いできた。平安時代や鎌倉時代からの名残を残す田園風景は、極めて希少な日本の原風景のひとつであろう。

ここを訪れる時間帯は、ぜひ夕暮れ時を選んでほしい。田園風景の西側には標高５００ｍ台の西叡山や華

（上）夕暮れ時の田染荘
（右下）春先の風景　（中下）畦道ハイキング　（左下）コスモスと稲穂

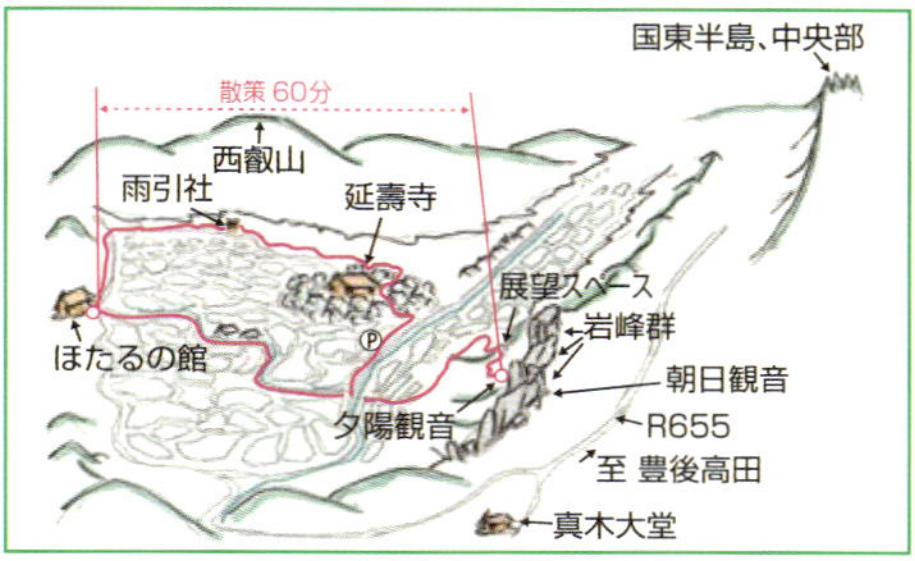

【アクセス】宇佐神宮から国道10号、県道34号経由、車で約40分
【問い合わせ先】荘園の里推進委員会事務局
☎0978-26-2168

最寄りの施設

ほたるの館
☎0978-26-2168
（荘園の里推進委員会事務局）
小崎地区の田園中央部付近にある無料駐車場、トイレのある建物。常駐する人はいないが、建物の中には情報コーナーや休憩スペース、民具などの展示コーナーなどがある。

岳の雄姿が聳えている。その山稜に静かに太陽が沈みはじめると、斜めに差し込む淡い色の光線がさまざまな曲線を描く水田の上に降り注ぐ。

山頂に到着！

里山

新日本百名山

80

由《ゆ》布《ふ》岳《だけ》

霧氷が輝く九州の名峰を登る

大分県由布市

オススメ度 ★★★★☆

魅力満喫度

400点満点 **270点**

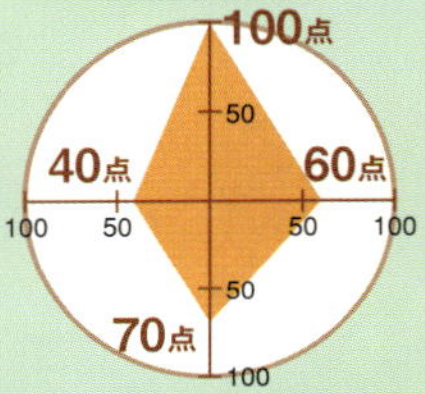

その他の魅力

由布岳・西峰：由布岳は東峰と西峰のある双耳峰である。一般的には東峰に登る人が多いが、鎖の付けられた岩場を通過すると西峰（1583 m）にも行ける。さらに、「お鉢巡りルート」で東峰への周回できる上級者向きのルートもある。

コースデータ

- 徒歩総時間……５時間
- 標高……1582 m（東峰山頂）
- 楽しめる期間…3～12 月初旬
- 累積標高差…802 m（正面登山口から）
- お勧めの季節…霧氷の 12 月初旬～中旬・ミヤマキリシマが咲く５月
- 歩行距離………８キロ

温泉データ　泉質：単純温泉

城島高原ホテル 大地の湯

☎ 0977-22-1163　大分県別府市城島高原 123

コースの特徴

九州の名湯である由布院温泉郷の湯煙を眼下に見おろす雄大な景観が堪能できる。天候条件が良ければ、山頂から日本百名山の九重山、祖母山、阿蘇山をはじめ修験道の山・英彦山、遠くは長崎県の雲仙岳まで見渡せる。

この山の登山時期は、「霧氷」が見える可能性のある12月がお勧め。登山道の凍結などへの対応装備が必要である。一般的な登山ルートの起点は、正面登山口と呼ばれる標高７８０ｍのやまなみハイウェイ沿いの峠である。

見晴らしのきく緩やかな草原状の斜面を進むと、西登山口からの合流点である標高１０２０ｍの合野越につく。しばらくは樹林帯の中のジグザグの上り坂が連続するが、途中から眼下に由布院温泉郷が見渡せる場

（上）霧氷群の中を山頂へ
（右下）正面登山口からは草原状の道　（中下）眼下に由布院温泉郷　（左下）遥か遠くまで遠望できる

所に出てくる。斜面はさらに急となり「マタエ」と呼ばれる西峰との分岐点まで息が荒くなる上りが続く。その後岩肌が露出する道を頂上へ。

最寄りの施設

海の駅べっぷ海鮮市場
☎0977-27-7366
営業時間：8:00 ～ 17:30
別府市鉄輪温泉近くにあり、別府湾で獲れた海産物をはじめ地酒コーナーもある。レストランも併設され、海鮮丼や漁師寿司なども美味。由布岳の帰路に別府温泉とともに立ち寄りたい場所。

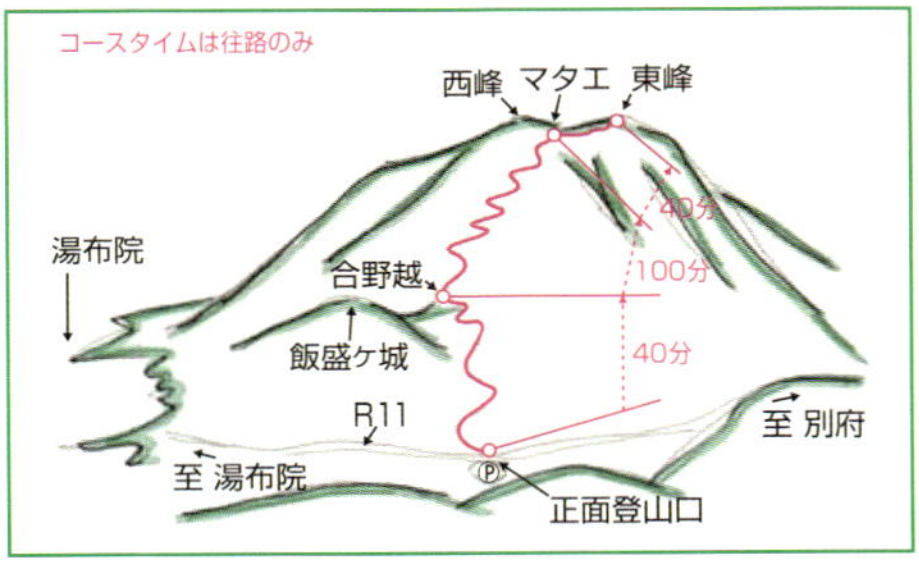

【アクセス】大分自動車道・別府 IC から県道 11 号経由、正面登山口まで車で約 40 分
【問い合わせ先】由布院観光総合事務所
☎0977-85-4464

森林軌道で出合う子鹿

里地・里山

世界自然遺産の島

81 屋《や》久《く》島《しま》・縄《じょう》文《もん》杉《すぎ》

巨大な屋久杉の森を抜ける縄文への回帰道

鹿児島県熊毛郡屋久島町

オススメ度 ★★★★★

魅力満喫度

400点満点 **360点**

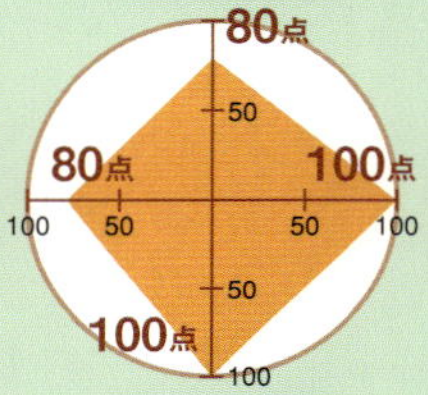

その他の魅力

白谷雲水峡：宮崎駿監督のアニメ映画「もののけ姫」に出てくる原始の森のモデルになったといわれる。しっとりと濡れた森は、倒木や路傍の石などが緑の苔に覆われ、訪れる人をやさしく包む。渓流沿いの道からしだいに苔むす森の登り道へと変化に富んだトレッキングが楽しめる。

コースデータ

- ■徒歩総時間……10 時間
- ■楽しめる期間…冬季を除く無雪期
- ■お勧めの季節…山桜咲く 4 月
- ■歩行距離………22 キロ
- ■標高………1300 m（縄文杉）
- ■累積標高差…706m

温泉データ

泉質：アルカリ性単純温泉

縄文の宿 まんてん

☎ 0997-43-5751　鹿児島県屋久島町小瀬田 812-33

コースの特徴

縄文杉へのコース詳細はすでに各種案内本に掲載されており、インターネットでも容易に入手できる。ここでは、コース上におけるポイントや意外にも見逃しやすい注意点などを紹介したい。

荒川登山口から縄文杉までは往復10時間以上が必要だが、その総距離22キロのうち16キロは森林鉄道軌道跡を歩く。登山口から軌道歩き終点である大株歩道入り口までの標高差は約３００ｍ。途中1か所の斜面上り（5分程度）を除いてほとんど軌道跡を歩くので、標高差を感じない平地を歩くような感覚である。不規則に並ぶ枕木のある場所では足元に注意が必要。

大株歩道入り口からは急激に様子が変化し、急斜面に付けられた階段や木道の上り道となる。大株歩道入

（上）縄文杉
（右下）荒川登山口　（中下）縄文杉への木道　（左下）亜熱帯の森

り口を通過する時間帯によっては、安全な復路通行を考慮した上で、無理をせずウイルソン株までの往復に目標変更する決断もしてほしい。

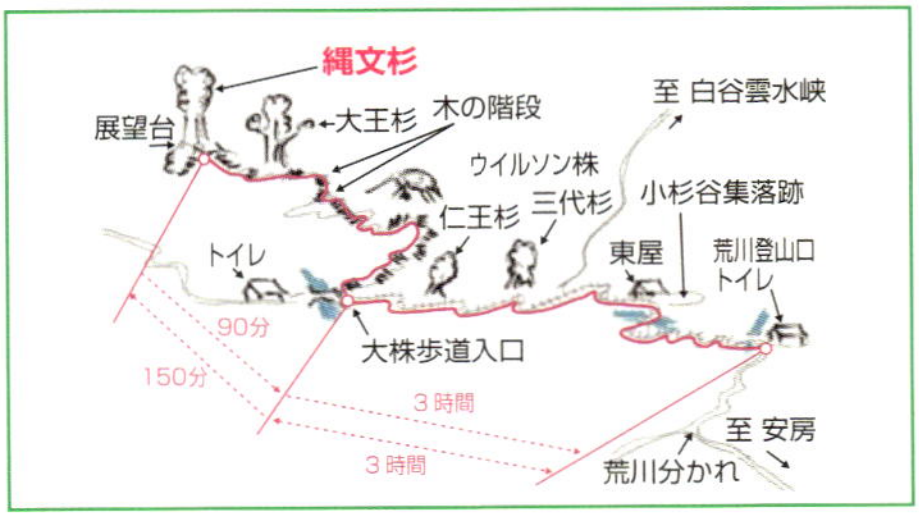

【アクセス】鹿児島から空路 30 分、高速船 1 時間 45 分、フェリー 4 時間で屋久島へ。縄文杉への起点・荒川登山口へは、屋久杉自然館からバスで約 1 時間　連絡先／屋久島山岳部車両運行対策協議会　☎ 0997-46-3317
【問い合わせ先】屋久島観光協会　☎ 0997-49-4010

最寄りの施設

志戸子ガジュマル公園
☎ 0997-42-0079
開園時間：8:30 ～ 18:30
（9 ～ 3 月は 17:00 まで）
奇怪な樹形をした樹齢 500 年以上といわれる巨大なガジュマルの森。園内に入ると散策道が設けられ、亜熱帯のジャングルのミニウォークが体験できる。

那智の滝・遠景

里地

世界遺産の参詣道

82

熊《くま》野《の》古《こ》道《どう》

癒しの聖地・熊野の祈り道を歩く

和歌山県
東牟婁郡那智勝浦町

オススメ度 ★★★★☆

魅力満喫度（歴史文化堪能度 100点）

400点満点 290点

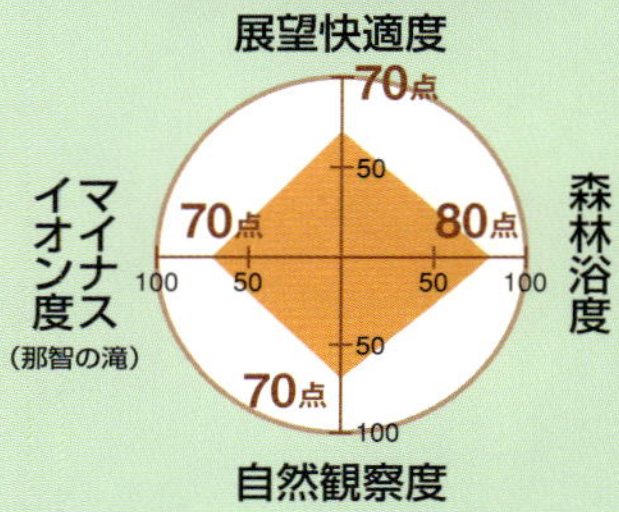

その他の魅力

川湯温泉仙人風呂：大塔川の河原を掘り、川底から温度73度の源泉に川の清流を混ぜて40度前後に調整している。広々とした川原から湯気が立ち上り、昼間は青空、夜は星空を見上げながら解放感と野趣にあふれた露天風呂。12～2月末日（冬季限定）6:30～22:00　入浴無料。富士屋☎0735-42-0007

コースデータ

■徒歩総時間……２時間
■標高…………500 m（熊野那智大社）
■楽しめる期間…通年
■累積標高差…約 100m（大門坂上り）
■お勧めの季節…新緑５月・紅葉 11 月
■歩行距離………2.2 キロ

温泉データ　泉質：アルカリ性単純温泉

那智駅交流センター丹敷の湯

☎0735-52-9201　和歌山県東牟婁郡那智勝浦町浜ノ宮 361- 2

コースの特徴

熊野古道は、東北を中心とする奥の細道、中部日本を貫く中仙道とともに日本三大古道のひとつ。ほかの2つの古道との決定的な違いは、熊野の土地の歴史的背景である。

一説には熊野の「熊」は、「隈《くま》」に起源があり、遠く奥まった地とか地の果ての僻地という意味があるといわれる。また、死者が隠棲する場所、「隠国《こもりく》」の音が変化したという説などもある。それほど当時の都人は、この地の持つ神秘的な磁場力に畏敬や畏怖の念を抱いていたのだろう。

熊野古道はいくつかの代表的なルートに分かれている。伊勢神宮と熊《くま》野《の》速《はや》玉《たま》大《たい》社《しゃ》を結ぶ伊勢路、和歌山の田辺から熊野本宮へ向かう中《なか》辺《へ》路《ち》、紀伊半島の海岸線沿いの大《おお》辺《へ》路《ち》、高野山からの小《こ》辺《へ》路《ち》、そして

（上）熊野古道のハイライト、大門坂
（右下）幻想的な虹が出る那智の滝　（中下）祈りの蓄積された大門坂　（左下）朱色が輝く熊野那智大社

吉野からの奥駈道《おくがけみち》などである。

初心者には中辺路入り口の滝尻王子付近と、那智大社への参詣道・大門坂がお勧めである。

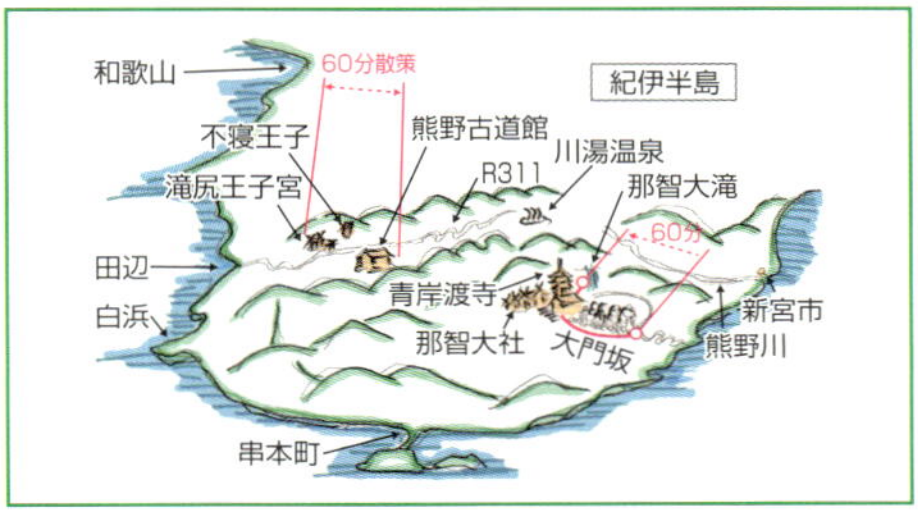

【アクセス】 滝尻王子へは阪和自動車道・南紀田辺 IC から国道 311 経由、車で約 30 分
大門坂駐車場へは JR 那智駅前から県道 43 号・46 号経由、車で約 10 分
【問い合わせ先】 熊野本宮観光協会　☎ 0735-42-0735

最寄りの施設

熊野古道館
☎ 0739-64-1470
開館時間：9:00 ～ 17:00
（入館無料、トイレあり）
中辺路ルートの拠点である滝尻王子の近くにある。熊野古道の初歩的なガイダンスが満載された情報コーナーやビデオ上映などが充実。熊野古道を歩く前には、立ち寄りたい場所。

Column

鍼灸師・清水正弘が勧める

足の健康術

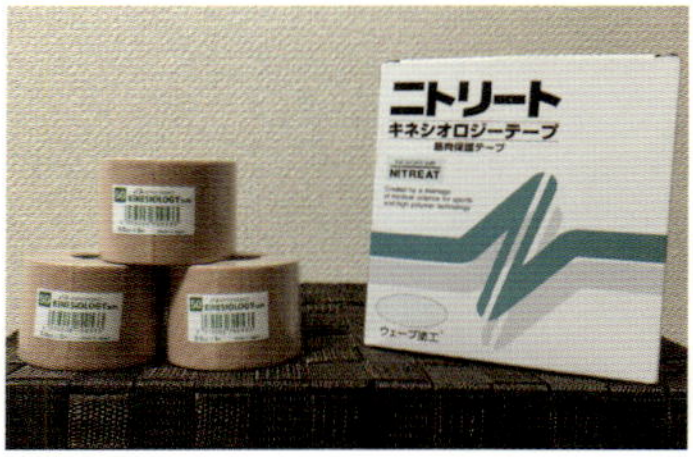

写真１

イラスト１

イラスト２

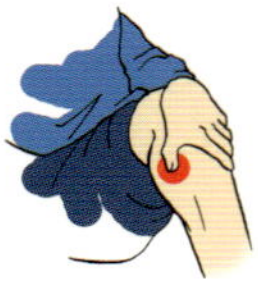

イラスト３

足は第二の心臓

足の裏や膝下には数多くの「ツボ」がある。歩くことで、そのツボを通して大地の鼓動や自然の息吹を自らの心身へ送り込んでいるのだろう。「足は第二の心臓」と呼ばれる。本書で紹介する３〜４時間前後のコースでは、平均約１万歩弱を歩くことになる。それは、第二の心臓が同じ数だけ拍動したことになる。ここでは自分の手でできるメンテナンス術とテーピングについて紹介しよう。

足は第二の心臓

（１）５本の足指間に反対側の手の５本指を差し込む（イラスト１）。差し込んだ手の指に少し力を加えながら、足の指全体を前後・左右さらに足先方向へと引っ張る。

（２）足を四の字に組み、反対側の腕の肘を曲げて四の字に組んだ足の裏に当てる（イラスト２）。上半身の体重を少し載せて肘で足裏を揉む。

（３）向う脛の内側に同じ側の手の親指を当てる（イラスト３）。当てた親指を骨端に沿わせながら押して揉んでいく。

テーピングについて

歩行中のケガ防止や筋肉・靭帯の補強、血行促進などを目的としたテーピングには、「キネシオテープ」が大きな効果を発揮する。特に下山時に起きる膝関節症状（いわゆるヒザが笑う状態）には、このテープやバンテージテープなどの威力は絶大。日常生活でも、風邪気味症状、肩こり、冷え性などにも活用できる。テープそのものは大型ドラッグストアなどで購入できるが、テープの張り方は、有資格者や専門家の指導を受けながら学びたい（写真１）。

Column
ため息を深呼吸に 変えてみませんか？

海外への
企画もある

人は大いなるものに相対したとき、胸いっぱいに空気を吸い込んでしまうことがあります。おのずと起こる深呼吸です。相手は、ヒマラヤの高峰のような大地の造形物であることもあれば、歴史的な大伽藍のように先人たちが残してくれた偉大な遺産であることもあります。日々の疲れが生み出すため息を、身体の奥底までがリフレッシュされる深呼吸に変えてくれる、そんな場所こそがわたしたちの旅の目的地なのです。「手づくり」感覚での「健康づくり」「思い出づくり」「仲間づくり」「生きがいづくり」の活動を楽しんでみませんか。深呼吸クラブは、日頃の『ため息』を『深呼吸』に変える場所へ誘う、自然歩きと旅の愛好者クラブです。著者である清水正弘氏が代表を務めている。ホームページは、www.shinkokyu.info

問い合わせ先：健康ツーリズム研究所内・深呼吸クラブ事務局
〒733-0011　広島市西区横川町 3-5-9-401　☎ 082-231-3291
入会の案内：郵便振替口座：　01320-5-82168　口座名義：深呼吸クラブ　まで。
入会金 5000 円と年会費 3000 円（小計 8000 円）をお振込みください。

Column
里地・里山歩きの 実践講座のご案内

富士山などの
企画もある

本書で紹介している里地・里山の多くは、著者・清水正弘氏の企画監修・同行ツアーとして実践講座を実施している。月に平均２～３回の日帰り企画から日本各地の山岳地域・国立公園・離島・歴史文化遺跡を歩きながら巡る企画、韓国や台湾の里山歩き、さらには身近な裏山・里山をJRの駅から歩く毎月一度の企画などがある。

問い合わせ先：てくてくウォークの会事務局
☎ 0120-03-8216　フジトラベルサービス内

Column
どんな持ち物を揃えたら 安心して歩ける？

スタッフも
アウトドアが好き

自然は予測不可能な状況が発生する。だからこそ醍醐味があるとも言えるが、携行する持ち物の充実化を図ることで、より快適で楽しく安心した自然へのアプローチが可能となる。それにはアウトドアの専門店で知識と経験のあるスタッフからのアドバイスに耳を傾けよう。

問い合わせ先：パワーズ広島店　広島市安佐南区八木 1-20-18　☎ 082-873-1212

清水正弘（しみず・まさひろ）

1960年兵庫県姫路市生まれ。「健康」と「山歩き」「旅」のプロとして国内外で「健康・養生歩きプログラム」を企画・監修し同行もする。また、紀行映像作家として旅エッセイやガイド本、国内外の記録映像を発表・公開したりするマルチ分野の行動人。その行動範囲は世界の屋根ヒマラヤ、北極点や南極大陸、タクラマカン砂漠やニューギニアの密林などの大自然からマチュピチュ遺跡などの世界遺産群、そして国内の里地・里山までとグローバルとローカルの双方向に展開している。現在は、健康ツーリズム研究所の代表として、自然環境下（日本の里地・里山・里森・里川など）における、歩行を軸とした健康開発プログラムの研究や実践、健康ツーリズムの地域活性化への寄与プログラムなどの開発ならびに自治体へのコンサルタント業務も行っている。広島県安芸太田町筒賀在住。

健康ツーリズム研究所・代表、鍼灸師、日本山岳ガイド協会認定ガイド、日本ホリスティック医学協会広島事務局長、同志社大学探検会・山岳会会員。

●写真のモデル協力は、
深呼吸クラブ企画参加者、てくてくウォークの会参加者のみなさん。

●カバーデザイン／根本眞一（クリエイティブ・コンセプト）
●本文DTP／濱先貴之（M－ARTS）
●地図DTP／岡本善弘（アルフォンス）
●イラスト／久保咲央里（デザインオフィス仔ざる貯金）

パート2 中国四国9県＋番外編
里地・里山を歩こう

発行／2015年3月10日　初版　第1刷

文・写真／清水　正弘
発行者／西元　俊典
発行元／有限会社 南々社
〒732-0048　広島市東区山根町27-2
TEL 082-261-8243　FAX 082-261-8647
印刷製本所／株式会社 シナノ パブリッシング プレス

＊定価は裏表紙に表示しています。

　ISBN978-4-86489-31-1